Evelyne et Didier LE BAIL

Recettes faciles et gourmandes À L'HUILE DE COCO...

...pour la santé de votre cerveau !

ÉDITIONS
MOSAÏQUE-SANTÉ

1, rue Jean de Brion
77520 Donnemarie-Dontilly

EAN : 9782849391006

Découvrez l'alicament qui tient Alzheimer en respect !

Mise en garde

Ce texte ne peut en aucun cas être considéré comme une consultation médicale ou une prescription nutritionnelle. Il ne peut pas remplacer l'expertise médicale. Seul un médecin est habilité à vous délivrer des prescriptions ou des conseils nutritionnels adaptés à votre cas particulier. Toute mise en pratique des informations contenues dans ce livre devra être faite à la discrétion du lecteur et à ses propres risques.

Les auteurs et l'éditeur déclinent toute responsabilité éventuelle découlant de la lecture de ce texte, par rapport à tout dommage, maladie, symptôme, problème de santé, perte ou blessure, supposés avoir été causés par l'information contenue dans cet ouvrage.

La page par laquelle il faut commencer à lire ce livre

Incroyable mais vrai : un alicament se révélerait capable de « ressusciter » les neurones chez les personnes âgées confrontées à un déclin cognitif de plus en plus prononcé ! Compte tenu de l'efficacité proche de zéro des médicaments actuellement employés contre la maladie d'Alzheimer, on place beaucoup d'espoir dans cet alicament potentiellement capable de freiner le cours de la maladie, à défaut de le renverser. Le fameux alicament dont il est ici question n'est autre que l'huile de noix de coco.

Plutôt que de vous infliger de longues explications, voici quelques témoignages édifiants recueillis par le Dr Mary Newport, médecin américain spécialiste en néonatalogie, qui, depuis quelques années, alerte le grand public et les professionnels de santé sur le fait qu'une simple intervention diététique, à savoir intégrer l'huile de coco à son alimentation, peut améliorer, parfois de façon rapide et spectaculaire, la qualité de vie des malades d'Alzheimer – et par conséquent celle de leur entourage direct.

« Mon père, Mick, est âgé de 63 ans et souffre de la forme précoce de la maladie d'Alzheimer depuis six ans. Il était juste en train d'entrer dans la phase où nous avions vraiment le sentiment de commencer à le perdre (...). Papa a pris ces trois dernières semaines une cuillerée à soupe d'huile de coco par jour, et nous avons tous remarqué les résultats. Il est plus concentré, il arrive mieux à converser et semble parfois un peu plus vif. C'est surprenant ! (...) Si cela le maintient un peu plus longtemps au stade où il se trouve, nous serions tellement reconnaissants. »

« Mon mari [un homme de 77 ans atteint de la maladie d'Alzheimer] *n'a commencé à prendre de l'huile de coco que depuis deux semaines, mais je peux déjà constater une énorme différence. La meilleure chose qui s'est produite jusque-là, c'est que ma maison a été tranquille pendant dix jours d'affilée... Je trouve difficile à croire que ce changement merveilleux vient de quelque chose d'aussi simple que de l'huile de coco. Pour moi, l'amélioration de son état est un*

miracle. Cette semaine, avec mon aide, il a nourri les animaux, il a préparé son plateau (il aime bien manger sur un plateau, étant donné qu'ayant été pilote, c'est ce qu'il a fait pendant 30 ans) avec des couverts en argent, une serviette et une assiette, et ce matin, il est allé se servir tout seul des céréales. Tout ce qu'il n'avait pas fait depuis son hospitalisation [environ 5 mois auparavant]. »

« *Je suis convaincue que l'huile de coco, juste un peu moins de deux cuillerées à soupe, aide ma mère* [une femme de 91 ans atteinte d'Alzheimer] *et voici pourquoi : elle essaie de faire la liste des courses chaque semaine. Les listes sont devenues de plus en plus illisibles au fil du temps. La semaine dernière, j'ai eu un choc quand elle me l'a donnée – c'était remarquablement plus lisible, avec beaucoup moins de fautes d'orthographe, les articles d'épicerie étaient écrits suivant les lignes sur le papier et l'écriture de ma mère était bien plus reconnaissable (…). J'avais renoncé à l'appeler au téléphone parce qu'elle avait commencé à avoir des difficultés pour tenir le combiné contre son oreille et à entendre. J'ai appelé mes parents aujourd'hui et mon père m'a demandé si je voulais parler à maman. Il lui a passé le téléphone et immédiatement, elle n'a eu aucun problème pour me parler et m'entendre. Elle était plaisante, semblait heureuse et m'a demandé comment " tout le monde " se portait.* »

« *Ma mère [une femme de 83 ans atteinte de démence] avait l'habitude de rester assise sur son siège toute la journée, comme un légume. Certains jours, elle ne se rappelait plus qui j'étais. Elle regardait mon père et lui demandait qui il était (…).* [Au terme de sept semaines de consommation d'huile de coco], *la transformation est un vrai miracle (…). Nous avons remarqué qu'elle reconnaissait peu à peu les gens et s'en souvenait plus facilement (…). Ne serait-ce que la semaine dernière, de profonds changements très importants se sont produits. Elle s'est assise à table et a pris ses repas. Elle a décidé de lire le journal. Papa en est presque tombé par terre (…). Elle se mettait en colère si on devait lui faire prendre une douche. Maintenant, elle y va volontiers, apprécie sa douche et reconnaît son aide à domicile, Sylvia, quand elle arrive.* »

Ces témoignages déroutants, extraits de l'ouvrage du Dr Newport : « *Maladie d'Alzheimer – Et s'il existait un traitement ?* », dont les Éditions Josette Lyon ont publié la version française en juin 2014, n'ont rien d'isolés. En juillet

2010, le Dr Newport avait déjà reçu 60 témoignages détaillés d'aidants familiaux. En septembre 2012, le nombre de témoignages se chiffrait à 184, avec des résultats allant dans un sens toujours aussi favorable, comme le montre le tableau ci-dessous :

Effets de la consommation d'acides gras à chaîne moyenne – le « secret » de l'huile de coco ! – sur des personnes atteintes de démence (Résultats en %)	***Juillet 2010*** ***(60 cas)***	***Septembre 2012*** ***(184 cas)***
Amélioration	90 %	91 %
Aucune amélioration	8 %	6 %
Amélioration de la mémoire et de la cognition	62 %	59 %
Amélioration sociale, du comportement et de l'humeur	48 %	42 %
Amélioration de la parole, des aptitudes à s'exprimer	35 %	35 %
Reprise d'activités abandonnées	27 %	24 %
Amélioration des symptômes physiques	20 %	21 %

Bref, vous commencez à percevoir que le livre que vous tenez entre les mains est plus qu'un simple livre de recettes, même si on peut se limiter à ne s'en servir que comme tel. En réalité, il dévoile qu'un produit naturel aussi « banal » que l'huile de coco peut améliorer de façon significative l'état de personnes souffrant de troubles cognitifs, voire d'une maladie d'Alzheimer déjà diagnostiquée, avec pour heureuse conséquence d'alléger le fardeau supporté par les aidants. Encore faut-il savoir utiliser l'huile de coco, qui n'appartient pas à notre patrimoine culinaire. D'où le grand intérêt pratique de ce livre de recettes simples et savoureuses à la fois !

Didier Le Bail

Première partie

Huile de coco & maladie d'Alzheimer

L'essentiel à retenir

Et si au lieu d'être une maladie neurologique, Alzheimer était avant tout une **maladie métabolique** ? Et si au lieu d'être une maladie simplement liée au grand âge, Alzheimer était avant tout la complication grave et terminale d'une **forme cérébrale de diabète** ?

En deux mots, tout commence par un **dysfonctionnement métabolique** lié à l'**insuline cérébrale**. Cela entraîne une **assimilation réduite du glucose** par les neurones. Privées de l'énergie provenant du glucose, leur principal carburant, **les neurones finissent par dépérir et disparaître les uns après les autres**, provoquant l'atrophie cérébrale si caractéristique de la maladie.

Fort heureusement, il est possible, dans une certaine mesure, de « ressusciter » les neurones en leur fournissant un **carburant alternatif** : les **corps cétoniques**, que l'organisme n'est naturellement programmé à fabriquer en grandes quantités qu'en cas de jeûne.

Les **acides gras saturés à chaîne moyenne** ont la capacité de favoriser la production de corps cétoniques sans passer par la case jeûne. Ces « bons » acides gras saturés, faciles à digérer, sont pour ainsi dire traités comme des hydrates de carbone – des sucres, si vous préférez.

La source alimentaire la plus riche en acides gras saturés à chaîne moyenne n'est autre que l'**huile de noix de coco**, majoritairement composée de ces acides gras, dont l'**acide laurique**, que l'on retrouve dans le **lait maternel** et qui contribue à protéger le nouveau-né contre les infections.

De multiples témoignages laissent à penser que l'huile de coco est réellement en mesure de lutter contre la maladie d'Alzheimer, même lorsque celle-ci est déjà déclarée. Pour espérer obtenir une amélioration durable de la qualité de vie en général et des fonctions cognitives en particulier, il convient de consommer quotidiennement au moins **20 g d'acides gras saturés à chaîne moyenne**, ce qui correspond à un peu plus de 2 cuillerées à soupe d'huile de coco. Mais rien n'interdit d'augmenter la dose pour optimiser les effets escomptés.

Tout savoir en 30 questions / 30 réponses

1 – C'est quoi, la maladie d'Alzheimer ?

La maladie d'Alzheimer est une affection à la fois neurologique et métabolique entraînant la destruction progressive des neurones. Pour le malade, la perte neuronale se traduit par des troubles de la mémoire, puis du langage, de la reconnaissance (des objets et des personnes) et des activités gestuelles. L'aggravation des troubles conduit à une perte progressive d'autonomie, très difficile à gérer pour les malades et les aidants familiaux. D'après l'Inserm, près des trois quarts des personnes âgées résidant en maison de retraite sont atteintes d'Alzheimer ou maladies apparentées. La plupart des malades ne meurent pas de la maladie elle-même, mais plutôt à la suite d'un problème causé par la dégénérescence cognitive ou motrice ou l'incapacité à prendre soin d'eux-mêmes (état d'anorexie sévère, infections pulmonaires et urinaires, chutes…).

La maladie d'Alzheimer, responsable à elle seule de la grande majorité des cas de démences, est classée parmi les démences *dégénératives*, ainsi qualifiées parce qu'elles sont dues à la dégénérescence des neurones. À ce stade, une précision s'impose : dans l'imaginaire populaire, *démence* est associée à folie. Mais d'un point de vue strictement médical, la démence est le terme employé pour signifier la « *diminution de toutes les capacités intellectuelles d'un individu, à la suite d'une pathologie cérébrale organique* ».

2 – Existe-t-il des signes avant-coureurs de la maladie d'Alzheimer ?

Les signes avant-coureurs de la dégénérescence cérébrale peuvent parfois se manifester jusqu'à dix ans avant l'établissement du diagnostic de la maladie.

Il y a bien entendu les défaillances de la mémoire, en particulier celles de la mémoire épisodique (mémoire des faits récents). Sauf qu'avec l'âge, il est normal d'oublier certaines choses. Pour Béatrice Desgranges, de *l'Inserm*, « *quand les oublis s'amplifient, semblent plus marqués que chez une personne du même âge et deviennent gênants au quotidien, il faut alors s'en préoccuper* ».

Autres signes possiblement annonciateurs de la maladie : la dépression, un ralentissement de la vitesse de marche et l'altération du sens de l'odorat. La difficulté à reconnaître certaines odeurs spécifiques semble plus prédictive du développement de la maladie. Les odeurs généralement incriminées : citron, fraise, banane, ananas, menthol, clou de girofle, poivre noir, chocolat, savon, cuir, tabac, essence, gaz naturel.

3 – Comme la maladie d'Alzheimer est incurable, que peut-on faire pour l'éviter ou pour le moins retarder son apparition le plus longtemps possible ?

La mauvaise nouvelle, c'est que la maladie d'Alzheimer touche déjà 20 % des personnes atteignant la tranche d'âge 80-85 ans, soit une personne sur cinq ! Et à l'âge vénérable de 90 ans, 40 à 50 % des personnes sont atteintes de démence sénile, la maladie d'Alzheimer représentant à elle seule 70 % de ces démences. D'après un rapport publié fin 2013 par l'*Alzheimer Disease International*[1] (ADI), le nombre de personnes atteintes de démence, dont la maladie d'Alzheimer, devrait passer de 44 millions – dont 35 attribuables à Alzheimer – à 135 millions d'ici 2050 ! Pour assombrir un peu plus le tableau, l'OMS a calculé qu'un nouveau cas d'Alzheimer se déclarait actuellement toutes les 7 secondes dans le monde !

La bonne nouvelle, c'est qu'il s'écoule des années et même des décennies entre l'installation d'un état diabétique cérébral, le développement des lésions caractéristiques (plaques, filaments) et le diagnostic définitif de la maladie d'Alzheimer, le plus souvent posé après 80 ans. On dispose par conséquent d'un long laps de temps pour bichonner son cerveau et faire en sorte que le vieillissement cognitif ne prenne pas un tour pathologique.

1 *Fédération internationale des associations Alzheimer.*

4 – Quelles sont les règles de base d'un mode de vie « pro-cerveau » ?

1. Une **alimentation santé** fondée sur des pratiques vertueuses : choix de modes de cuisson peu agressifs, recours le plus limité possible aux aliments industriels transformés, place de choix accordé aux végétaux et aux produits biologiques... Les études plaident en faveur de l'adoption d'un **régime méditerranéen traditionnel de type crétois**, donc riche en fruits, légumes, herbes aromatiques, huile d'olive, noix, céréales complètes, légumineuses et poissons. Après avoir passé en revue 19 études incluant au total près de 2 200 000 participants, des chercheurs italiens ont récemment conclu que la pratique d'un tel régime était associée à une **diminution significative des maladies neurodégénératives** (-13 %). Idem pour la mortalité toutes causes confondues (-8 %) ;
2. Une **activité physique** régulière ;
3. Des **activités cérébrales** stimulantes (lecture, mots croisés, jeux de cartes, jeux d'échecs...) ;
4. Un **temps de sommeil** suffisant ;
5. Le maintien d'une **vie sociale** active.

5 – Que se passe-t-il dans un cerveau Alzheimer ?

On y observe la présence de deux types de lésions : les **plaques amyloïdes**, dont la « brique » élémentaire est le **peptide bêta-amyloïde**, et les **neurofibrilles**, enchevêtrement de filaments insolubles, dont la « brique » élémentaire est la **protéine Tau**. Les plaques se développent autour des neurones, tandis que les neurofibrilles s'accumulent au sein des neurones.

On a donc deux suspects – le peptide bêta-amyloïde et la protéine Tau – qui paraissent jouer un rôle capital dans le processus de mort neuronale. Bien qu'ils participent activement à la progression de la maladie dans le cerveau, rien n'assure pour autant qu'ils soient à l'origine de la cascade neurodégénérative. De plus en plus de données scientifiques laissent à penser que la cascade neurodégénérative a pour point de départ un **dysfonctionnement métabolique lié à l'insuline cérébrale**, se traduisant par une **assimilation réduite du glucose dans certaines régions du cerveau**.

6 – C'est quoi, cette histoire d'insuline cérébrale ?

De même que le cerveau peut produire son propre cholestérol, de même peut-il fabriquer sa propre insuline ! L'insuline est une hormone qui permet aux cellules d'utiliser le glucose comme carburant. Dans le cas présent, le glucose passe mal dans les neurones parce que l'insuline est à la fois insuffisamment produite – comme dans le diabète de type 1 – et mal utilisée – comme dans le diabète de type 2.

Cela fait une dizaine d'années que l'on a attribué le nom de **diabète de type 3** à cette forme cérébrale de diabète. Le diabète de type 3 **crée un état de « famine » dans certaines régions du cerveau**, notamment dans les lobes pariétaux, temporaux et préfrontaux, dans le cortex cingulaire postérieur ou encore dans les structures du lobe temporal médian, en particulier au sein de l'hippocampe, siège de la mémoire à court terme.

Privés de l'énergie provenant du glucose, leur principal carburant, **les neurones finissent par dépérir et disparaître les uns après les autres**, provoquant l'atrophie cérébrale si caractéristique de la maladie (diminution du poids du cerveau, rétrécissement des circonvolutions, élargissement des sillons...). L'atrophie de l'**hippocampe** peut être mise en évidence par IRM jusqu'à deux ans avant qu'un diagnostic définitif de maladie d'Alzheimer soit posé.

Grâce à l'imagerie médicale, on sait aujourd'hui que l'altération du métabolisme cérébral du glucose survient très tôt dans l'histoire naturelle de la maladie d'Alzheimer. Chez les personnes à haut risque de développer précocement la maladie – en clair, avant la soixantaine –, un ralentissement du métabolisme du glucose peut survenir dès l'âge de 30 ans !

7 – Comment se fait-il que l'on ait encore si peu entendu parler du diabète de type 3 et encore moins de la maladie d'Alzheimer en tant que maladie métabolique ?

En premier lieu parce qu'il faut des années pour créer un consensus scientifique autour de connaissances émergentes, et en second lieu parce qu'il faut aussi des années pour que ces connaissances émergentes finissent par atteindre le grand public.

Pendant longtemps, on a ainsi cru que seul le pancréas pouvait fabriquer de l'insuline. Jusqu'au jour où on a découvert que le cerveau était capable d'en faire autant !

De même, depuis une petite trentaine d'années, on s'était convaincu que deux types de lésions, à savoir l'accumulation de plaques amyloïdes autour des neurones et l'enchevêtrement de filaments insolubles à l'intérieur des neurones, étaient à l'origine de la mort neuronale dans la maladie d'Alzheimer. Jusqu'au jour où on a découvert que le diabète de type 3 créait un état de « famine » dans le cerveau, provoquant le dépérissement et la disparition progressive des neurones devenus incapables de convertir le glucose en énergie.

Une maladie ne peut prospérer que si elle rencontre un terrain favorable à son développement. En l'occurrence, il ne fait plus guère de doute que **la préexistence d'un terrain diabétique cérébral favorise le développement de la maladie d'Alzheimer**. Pour preuve, des chercheurs se sont livrés à une expérience sur des rats. Ils ont injecté dans leur cerveau une molécule de synthèse connue pour provoquer le diabète. Résultat : les rats ont non seulement développé un déficit et une résistance à l'insuline cérébrale, mais aussi une neurodégénérescence de type Alzheimer !

Considérant ce qui vient d'être dit, la maladie d'Alzheimer gagnerait désormais à être vue comme une **« complication » grave du diabète de type 3**. Les diabètes classiques peuvent eux aussi entraîner des complications graves à long terme, notamment cécité et amputations. Pourquoi en irait-il autrement avec le diabète de type 3 ?

8 – Existe-t-il une parade pour sortir le cerveau de cet état de « famine » dans lequel il se trouve placé à cause de la diminution du métabolisme du glucose ?

La baisse d'utilisation du glucose dans le cerveau n'a rien d'une fatalité, en ce sens que l'on peut contourner la difficulté en fournissant à l'organisme un carburant alternatif : les **corps cétoniques**. Et ça marche ! Pour preuve, les expériences récentes réalisées par des chercheurs sur des souris Alzheimer. Ils ont enrichi en corps cétoniques leur ration alimentaire quotidienne. Résultat : une amélioration de leurs performances aux tests de mémoire et d'apprentissage, et mieux encore, une diminution des lésions caractéristiques de la maladie dans différentes régions de leur cerveau !

9 – C'est quoi, les corps cétoniques ?

En cas de privation volontaire ou involontaire de nourriture, les réserves de glucose s'épuisent rapidement. L'organisme active alors le « plan B », qui consiste à transformer les graisses stockées en énergie. Cela aboutit à la production de corps cétoniques que les neurones « affamés » vont s'empresser d'utiliser comme source d'énergie en lieu et place du glucose.

Les corps cétoniques sont au nombre de trois : **acétylacétate**, **bêta-hydroxybutyrate** et **acétone**. Bien que le principal corps cétonique produit par le foie soit l'acétylacétate, le plus présent dans la circulation sanguine est le bêta-hydroxybutyrate. Tous deux peuvent être utilisés comme carburant par des organes très demandeurs en énergie comme le cerveau ou le cœur. L'acétone, quant à lui, ne joue aucun rôle métabolique.

C'est un produit de dégradation de l'acétylacétate, un composé très volatil éliminé par les poumons.

La baisse d'utilisation du glucose dans le cerveau n'a donc rien de rédhibitoire puisqu'il est possible de la compenser, au moins partiellement, en fournissant aux neurones ce carburant alternatif. Sauf qu'il reste un challenge de taille à relever : assurer une production de corps cétoniques au long cours, ce qui, à première vue, ne semble pas une mince affaire ! Du coup, exit le jeûne ! On peut alors envisager de se rabattre sur des régimes alimentaires spécifiques, en l'occurrence :

- ◊ Le **régime cétogène**, un régime *thérapeutique* très pauvre en glucides et très riche en lipides, que l'on applique dans les épilepsies rebelles et dans certaines maladies du métabolisme énergétique ;
- ◊ Le **Nouveau Régime Atkins**, un régime *amaigrissant* pauvre en glucides, mais sans limitation de calories.

Ces deux régimes ont pour objectif commun de diminuer drastiquement l'apport en glucides, de sorte que ce soit la graisse stockée qui serve de combustible à l'organisme et non plus les sucres ingérés. À cette réserve près qu'il n'est pas envisageable une seule seconde de mettre en œuvre des régimes aussi contraignants chez des personnes déjà très âgées, d'autant plus que les patients touchés par la maladie ont tendance à être davantage attirés par les aliments riches en glucides.

10 – Existe-t-il une solution pour produire des corps cétoniques au long cours sans devoir en passer par des régimes alimentaires contraignants ?

Il existe effectivement une solution « douce » pour produire des corps cétoniques au long cours sans proscrire les glucides de son alimentation, à savoir consommer au quotidien des acides gras saturés à chaîne moyenne (TCM).

11 – C'est quoi, les acides gras saturés à chaîne moyenne ?

Les matières grasses alimentaires (lipides) se composent d'acides gras, que l'on peut diviser en trois groupes : acides gras **saturés**, **mono-insaturés** et **poly-insaturés**.

Par ailleurs, tous les acides gras diffèrent par la **longueur de leur chaîne**, c'est-à-dire par **le nombre d'atomes de carbone** qui la compose. Parmi les acides gras saturés, on distingue ainsi ceux à **chaîne courte**, de **4 à 6 atomes** ; ceux à **chaîne moyenne**, de **8 à 12 atomes** ; et ceux à **chaîne longue**, de **14 à 24 atomes**.

Contrairement aux acides gras à chaîne longue, qui sont stockés dans les graisses et ne servent de carburant qu'en dernier recours, les acides gras à chaîne moyenne ne sont pas stockés mais directement transformés en corps cétoniques rapidement utilisables par le cerveau. De plus, **les acides gras à chaîne moyenne sont faciles à digérer**. Une bonne surprise qui s'explique par le fait qu'ils sont décomposés trois fois plus vite que les acides gras à chaîne longue, très présents dans les graisses animales, le beurre ou les huiles végétales (arachide, tournesol, soja, maïs...).

Pour finir, juste quelques mots sur les acides gras saturés à chaîne courte, pour dire qu'ils constituent la principale source d'énergie des cellules de la paroi intestinale.

12 – Où peut-on trouver ces « bons » acides gras saturés ?

La source alimentaire la plus riche en acides gras saturés à chaîne moyenne (TCM) est d'origine végétale : il s'agit de l'**huile de coco**. Une autre source intéressante : l'huile de palme brute, plus connue sous le nom d'huile de palme « rouge », hélas difficile à trouver dans le commerce. Quand on étudie le profil des acides gras de la graisse du lait de vache et de la graisse de coco, on s'aperçoit que la graisse du lait contient 16 % d'acide gras saturés à chaîne moyenne, **contre 71 % pour la graisse de coco !**

13 – Y a-t-il un quelconque inconvénient à consommer quotidiennement de l'huile de coco ?

Pas le moins du monde. C'est un véritable aliment santé. Les pays où l'on consomme beaucoup de noix de coco (Inde, Sri Lanka, Philippines, Polynésie...) ont souvent un climat propice au développement des champignons. Malgré cela, on constate que leurs habitants souffrent peu d'infections fongiques. Or, l'huile de coco contient presque 10 % d'**acide caprylique**, un antifongique naturel très réputé. Cet acide gras saturé à chaîne moyenne est notamment capable de contrôler la prolifération du célèbre *Candida albicans*, d'où l'intérêt d'augmenter sa consommation d'huile de coco pendant et après un traitement par antibiotiques.

14 – Est-il exact que l'huile de coco est bénéfique pour notre immunité ?

Oui, l'huile de coco aide à améliorer notre immunité grâce à ses bons acides gras, au premier rang desquels figure l'***acide laurique, l'un des composants du lait maternel contribuant à protéger le nouveau-né contre les infections***. Il représente à lui seul la moitié des acides gras saturés à chaîne moyenne de l'huile de coco. Des travaux de laboratoire ont permis de mettre en évidence les propriétés à la fois **antibactérienne** et **antivirale** de l'acide laurique. À ce jour, on sait qu'il se montre efficace contre les virus de l'herpès, les rhabdovirus (dont le plus connu est le virus de la rage), mais aussi contre *Helicobacter pylori*, une bactérie à l'origine de 80 % des ulcères gastro-duodénaux, ou *Chlamydia trachomatis*, la plus fréquente des bactéries transmise sexuellement. À noter que l'acide laurique est également utilisé dans les produits d'hygiène corporelle (savons, shampooings...), non seulement pour améliorer la texture ou le pouvoir lavant de ces produits, mais aussi pour son action antimicrobienne.

Quant aux **acides caprique et caprylique**, environ cinq fois moins présents que l'acide laurique dans l'huile de coco, ils exercent une action

antifongique, d'où leur utilité en cas de candidoses, notamment celles dues à *Candida albicans* (cf. réponse précédente). L'acide caprique soutient également l'acide laurique dans sa lutte contre les virus de l'herpès et contre *Chlamydia trachomatis*.

On estime qu'au moins 80 % de la population adulte est porteuse de l'**herpès simplex virus de type 1 (HSV-1)** à l'état latent. Ce virus est à l'origine de la forme d'herpès la plus courante, à savoir l'**herpès buccal**, une affection récurrente dont souffriraient au moins 6 millions de personnes en France. Or, il semblerait que **la réactivation dans le cerveau de l'herpès virus simplex de type 1** soit impliquée dans le développement des plaques amyloïdes, en particulier chez les personnes dont le profil génétique les prédispose à développer la maladie d'Alzheimer (profil **ApoE4+**). L'infection à HSV-1 se manifeste habituellement par les fameux boutons de fièvre autour de la bouche. Comme un fait exprès, on a observé que les personnes porteuses d'un gène ApoE4+ étaient **plus souvent victimes de boutons de fièvre !**

15 – Comment choisir son huile de coco ?

Très simple : il suffit de toujours veiller à choisir une **huile vierge**, de **première pression à froid**, issue de l'**agriculture biologique**. Ce qu'on appelle **huile de coprah** est de l'huile de coco « RBD » (Raffinée, Blanchie, Désodorisée). **À éviter à tout prix !**

On peut acheter de l'huile de coco vierge bio en magasins bio ou la commander sur internet. Elle est le plus souvent conditionnée en pot en verre de 400 ml, mais on peut aussi la trouver en pot de 750 ml, voire plus. Très appréciable pour les gros consommateurs ! D'une saveur douce et parfumée, l'huile de coco se fige à température ambiante (en dessous de 25 °C) et se liquéfie dès qu'on la chauffe. En raison de sa grande stabilité, elle se conserve au moins deux ans à température ambiante. Dès lors qu'elle est réfrigérée, elle devient complètement dure.

Il ne faut pas confondre huile de coco et lait de coco. Le lait de coco est un mélange d'huile et d'eau provenant de la noix de coco. Pour obtenir l'équivalent d'une cuillerée à soupe d'huile de coco, il faut consommer 4,5 cuillerées à soupe de lait de coco (non dilué) – ou un tiers de tasse de noix de coco râpée !

16 – Comment utiliser l'huile de coco ?

L'huile de coco est facile à incorporer dans son alimentation quotidienne. Elle se substitue aisément à d'autres corps gras (beurre, margarine, huiles végétales). On peut la consommer à froid comme à chaud (elle reste stable jusqu'à 220 °C, même s'il est préférable d'éviter de dépasser 180 °C).

Evelyne et moi-même avons commencé par l'utiliser dans les soupes, différents plats ou étalée sur des tranches de pain de mie à l'épeautre ou des tartines craquantes au sarrasin. Il arrive que d'autres l'ajoutent dans leur thé, chocolat chaud, smoothie, kéfir ou kombucha. D'autres usages sont possibles, comme en ajouter à une sauce curry, s'en servir comme base pour une mayonnaise ou comme ingrédient de nombreuses pâtisseries.

Bien entendu, rien n'interdit de savourer l'huile de coco directement à la cuillère, mais cela reste plus agréable de l'incorporer dans son alimentation. À chacun de se montrer inventif pour lui accorder une place de choix dans sa cuisine au quotidien. Pour vous faciliter la vie, Evelyne vous a concocté 62 recettes simples et savoureuses à l'huile de coco. À découvrir dans la seconde partie de cet ouvrage !

17 – Dans le cadre d'une utilisation à visée thérapeutique de l'huile de coco, combien doit-on en consommer quotidiennement ?

Pour espérer obtenir une stabilisation, voire une amélioration durable des fonctions cognitives au stade pré-Alzheimer ou dans la forme légère à modérée de la maladie d'Alzheimer, **il convient de consommer quotidiennement un minimum de 20 g d'acides gras saturés à chaîne moyenne**

(TCM). Ce chiffre de 20 g par jour correspond très exactement à la posologie d'*Axona* (Accera), un complément alimentaire à base de TCM (acide caprylique). Vendu aux États-Unis uniquement sur prescription médicale, *Axona* a bénéficié d'études attestant de son intérêt thérapeutique.

La question qui vient de suite à l'esprit est la suivante : pour obtenir ces 20 g, combien doit-on consommer d'huile de coco ? Voici la réponse :

20 g de TCM = 32 g d'huile de coco = 7 cuillerées à café rases ou un peu plus de 2 cuillerées à soupe rases

Conversion g/ml : 32 g d'huile de coco équivaut à 35 ml d'huile de coco (1 ml = 0,91 g, donc 35 ml = 31,85 g)

Pour s'assurer de consommer quotidiennement la quantité requise d'huile de coco, **on peut s'aider d'une balance électronique** : chaque matin, poser un récipient sur la balance, appuyer sur le bouton « Tare », puis verser au moins 32 g d'huile de coco dans le récipient (1 cuillerée à soupe rase = 14 g). À vous de vous adapter en fonction de la consistance de l'huile de coco, qui peut se présenter sous forme solide ou liquide selon la température ambiante (elle se liquéfie à partir de 25 °C).

20 g par jour de TCM représente un minimum. Rien n'interdit d'augmenter sensiblement la dose en fonction du tableau clinique et/ou du poids du malade. De façon générale, je conseille de **se fixer comme objectif la consommation de 3 cuillerées à soupe par jour d'huile de coco**.

Sachant qu'il est important de fournir des corps cétoniques au cerveau quasiment en continu, cela implique donc de **consommer de l'huile de coco matin, midi et soir – et TOUS les jours, bien entendu !** On évacue ainsi le risque d'un effet yo-yo dont le cerveau ne manquerait pas de pâtir.

18 – L'utilisation à visée thérapeutique de l'huile de coco se limite-t-elle à la maladie d'Alzheimer ?

Cela demande encore à être véritablement exploré, mais en dehors d'Alzheimer et autres maladies apparentées, d'autres troubles plus ou moins liés à une diminution du métabolisme du glucose dans le cerveau pourraient être concernés : **maladie de Parkinson, maladie d'Huntington, sclérose latérale amyotrophique (SLA), accident vasculaire cérébral (AVC), traumatisme crânien...**

Très récemment, des scientifiques ont aussi formulé l'hypothèse d'un lien entre diabète du cerveau et **glaucome chronique.** Dans cette maladie qui concerne tout de même 1 million de personnes en France – dont 200 000 seraient non diagnostiquées –, la dégénérescence des cellules nerveuses rétiniennes s'étend jusqu'au cortex visuel en passant par le noyau géniculé latéral, chargé d'assurer le lien entre le nerf optique et le cortex visuel.

19 – Il paraît quand même incroyable qu'un simple aliment comme l'huile de coco puisse venir concurrencer des médicaments spécialement développés pour soigner Alzheimer. L'histoire semble trop belle pour être vraie...

Cette « belle » histoire repose pourtant sur des données scientifiques sérieuses.

Le *Mini-Mental State Examination* ou **MMSE** est le test de référence pour **dépister rapidement les déficits cognitifs**. Bien qu'il ne suffise pas à lui seul pour établir un diagnostic de maladie d'Alzheimer, il permet toutefois d'**évaluer le degré de sévérité d'une démence** (voir le test en annexe).

Le MMSE fournit un score sur 30 points. Plus on obtient de points, mieux c'est ! Quels que soient l'âge et le niveau socio-culturel du sujet, un score inférieur à 24 points est considéré comme anormal. Au-dessus de 20, la démence est qualifiée de légère ; entre 20 et 16, de modérée ; entre 15 et 10, de modérément sévère ; entre 9 et 3, de sévère ; et en dessous de 3, de très sévère.

Les **médicaments anti-Alzheimer** actuellement à disposition coûtent **400 millions d'euros par an à la Sécurité sociale** pour une **efficacité proche de zéro**. Les études font apparaître leur **incapacité à freiner la**

dégradation du score MMSE, et encore moins à l'améliorer. Une étude française récente réalisée auprès de 700 patients atteints d'une maladie d'Alzheimer de forme légère à modérée pour laquelle 90 % d'entre eux recevaient un de ces traitement médicamenteux, a ainsi montré une diminution de 2,4 points par an du score MMSE.

Un triste constat heureusement contrebalancé par les résultats d'une étude américaine de 2013 pour les besoins de laquelle 55 sujets atteints d'une maladie d'Alzheimer de forme légère à modérée ont reçu, en plus de leur traitement médicamenteux, une dose quotidienne de 20 g de TCM (non pas apportée par l'huile de coco, mais par *Axona*, un produit spécifique à base d'acide caprylique, l'un des acides gras saturé à chaîne moyenne présents dans l'huile de coco). Au bout d'une quinzaine de mois de suivi, les chercheurs ont noté une diminution moyenne de 0,48 point du score MMSE, soit une baisse jugée non significative du point de vue statistique.

Certains ont cependant davantage bénéficié que d'autres de l'apport journalier en TCM. Deux cas concrets pour l'illustrer :

◊ Cas n° 1 : sujet de sexe masculin diagnostiqué Alzheimer en 2009, malgré un score MMSE pourtant très honorable (25 points). Âgé de 89 ans à l'époque. Instauration immédiate d'un traitement médicamenteux. En 2011, soit 2 ans plus tard, son score MMSE est tombé à 17 (perte de 4 points par an !). Démarrage de la supplémentation en TCM. 14 mois plus tard (mai 2012), son score MMSE atteint 20 ! Son état est jugé « stable » par les chercheurs.

◊ Cas n° 2 : sujet de sexe féminin avec profil génétique défavorable (ApoE4+) diagnostiqué Alzheimer à l'âge de 78 ans. En 2009, son score MMSE est de 26 – donc, là aussi, plus qu'honorable ! Un an plus tard, perte de 4 points, avec un score tombé à 22. Ajout d'un second médicament anti-Alzheimer, plus apport de 20 g par jour de TCM. 25 mois plus tard, le score MMSE est remonté à 27 ! Ce qui se traduit, selon les chercheurs, par une « amélioration marquée » de l'état de la personne.

De façon plus générale, **80 % des patients de cette étude ont vu leur état se stabiliser ou plus ou moins s'améliorer suite à la supplémentation quotidienne en TCM**. Les 20 % restants n'ont pas eu cette chance puisque leur état a continué à se dégrader en dépit de la supplémentation.

Comme il s'agit d'une étude menée sur un petit nombre de patients, la prudence reste bien entendu de mise, mais il n'empêche que ses résultats sont à ce point prometteurs qu'ils plaident en faveur d'une supplémentation systématique en TCM en cas de dysfonctionnement cognitif avéré ou fortement suspecté. L'hésitation ne semble vraiment plus de mise si l'on considère la piètre efficacité des traitements anti-Alzheimer actuels.

20 – De quels médicaments dispose-t-on actuellement pour lutter contre Alzheimer ?

Les médicaments anti-Alzheimer sont actuellement au nombre de quatre : **trois inhibiteurs de l'acétylcholinestérase** (donépézil, galantamine, rivastigmine) + **un antagoniste des récepteurs NMDA du glutamate** (mémantine). Pour la revue médicale indépendante *Prescrire*, « *les médicaments de la maladie d'Alzheimer disponibles en 2014 ont une efficacité minime et transitoire (...). Aucun de ces médicaments n'a d'efficacité démontrée pour ralentir l'évolution vers la dépendance et* ***ils exposent à des effets indésirables graves, parfois mortels.*** »

Les inhibiteurs de l'acétylcholinestérase peuvent provoquer des troubles digestifs, dont des vomissements parfois graves ; des troubles neuropsychiques ; des troubles cardiaques, dont des ralentissements du rythme cardiaque, des malaises et des syncopes. Quant à la mémantine, elle peut être à l'origine de troubles neuropsychiques tels qu'hallucinations, confusions, sensations vertigineuses, céphalées, conduisant parfois à des comportements violents, des convulsions.

21 – Quelle est la relation entre gène ApoE et maladie d'Alzheimer ?

Le gène ApoE code l'**apolipoprotéine E** ou **ApoE,** une protéine qui **permet la réparation des neurones** en transportant les lipides nécessaires, en particulier le cholestérol. Le Pr Sylvain Lehmann, spécialiste des maladies dégénératives à l'*Inserm*, souligne que cette apolipoprotéine E « *joue un rôle dans la prise en charge par le corps humain des peptides amyloïdes* [cf. Question 5]. *Si elle ne fait pas bien son travail de " nettoyage ", alors* ***les peptides s'accumulent*** ».

On a découvert qu'il existait **trois variantes** du gène ApoE : **ApoE2**, **ApoE3** et **ApoE4**. Le gène ApoE3 est le plus répandu de tous puisqu'on le retrouve chez trois personnes sur quatre, alors qu'à peine une personne sur dix est porteuse du gène ApoE2. Quant au gène ApoE4, il est présent chez 15 % des individus. On a également mis en évidence que dans son rôle neuroprotecteur, l'ApoE2 se révèle plus efficace que l'ApoE3, elle-même plus efficace que l'ApoE4. À choisir, mieux vaut donc ne pas être porteur de la forme E4. Sauf que l'on ne choisit pas !

Chacun d'entre nous possède une paire de gènes ApoE. **Si jamais l'on est porteur d'un gène ApoE sous sa forme E4, le risque de développer la maladie d'Alzheimer est multiplié par trois. Et si par malchance on est porteur de deux gènes ApoE4, le risque est alors multiplié par douze !**

Si le gène ApoE4 est surreprésenté chez les personnes atteintes d'Alzheimer, **le gène ApoE2, quant à lui, est surreprésenté chez les centenaires !**

À priori, il semblerait que la stratégie thérapeutique fondée sur un apport journalier en corps cétoniques donne de meilleurs résultats chez les personnes ayant un profil génétique ApoE2 et ApoE3, que chez celles ayant un profil ApoE4.

22 – À partir de quand est-il conseillé de consommer quotidiennement de l'huile de coco ?

Question un brin épineuse... Lorsque la maladie d'Alzheimer est diagnostiquée – le plus souvent au-delà de 80 ans –, cela signifie que le phénomène de réduction de l'assimilation du glucose dans le cerveau est déjà à l'œuvre depuis bien des années (5 ans, 10 ans, 20 ans... ou plus ?). Seul le recours à un PET Scan – autrement dit à la technologie d'imagerie médicale la plus pointue – permettrait de mettre en évidence l'existence et le niveau d'avancement dudit phénomène. Sauf qu'il ne s'agit pas d'un examen de routine et qu'il n'est donc pas envisageable une seule seconde de s'en servir comme outil de prévention de la maladie d'Alzheimer.

Il vaut donc mieux ne pas attendre d'être déjà victime de troubles cognitifs, même légers, pour prendre les choses en mains. Le simple exercice du bon sens amène à considérer comme judicieuse l'idée d'une consommation soutenue d'huile de coco **dès la soixantaine, voire avant** :

◊ Si un **parent au premier degré** a déjà reçu le diagnostic de maladie d'Alzheimer

◊ Si l'on est **porteur du gène ApoE4**, qui peut multiplier jusqu'à douze le risque de développer la maladie... sauf qu'il est impossible, comme vous l'imaginez bien, d'en obtenir confirmation par un examen de routine ! À défaut, on peut se rabattre sur un critère à première vue inattendue. En effet, on s'est aperçu que les personnes ApoE4+ souffrent davantage que les autres d'**herpès buccal** [cf. Question 14]. Or, l'huile de coco est très riche en acide laurique, un acide gras saturé à chaîne moyenne capable de combattre les virus de l'herpès en s'attaquant à leur enveloppe ! Il faut aussi savoir que les personnes porteuses du gène ApoE4 ont tendance à avoir un **taux élevé de cholestérol, souvent très tôt dans leur existence** [cf. Question 26].

Un autre élément à prendre en considération : la diminution du métabolisme du glucose dans le cerveau s'observe non seulement dans la maladie d'Alzheimer **mais aussi dans d'autres maladies neurodégénératives** survenant plus tôt dans l'existence (maladie de Parkinson, maladie de Huntington, sclérose latérale amyotrophique...). La **maladie de Parkinson**, deuxième maladie neurodégénérative après la maladie d'Alzheimer (8000 nouveaux cas par an, contre 225 000 pour Alzheimer), se déclare ainsi en moyenne entre l'âge de 50 et 70 ans. On considère que la maladie est déjà à l'œuvre au moins 5 à 10 ans avant son diagnostic. Bref, de quoi inciter à incorporer l'huile de coco dans ses menus quotidiens **dès le milieu de son existence !**

23 – Que faire si la stratégie thérapeutique fondée sur la consommation quotidienne d'huile de coco aboutit à des résultats décevants ?

D'abord, ne pas se décourager ! Différentes raisons peuvent expliquer pourquoi ça ne fonctionne pas bien :

◊ **Un apport journalier insuffisant en acide gras saturés à chaîne moyenne (TCM)** : 20 g par jour de TCM constitue un minimum. Une étude clinique visant à évaluer l'efficacité d'un traitement à base d'huile de coco concentrée en TCM est actuellement en cours de réalisation aux États-Unis. Dans le cadre de cette étude, les participants – tous atteints d'une forme légère à modérée de la maladie d'Alzheimer – consommeront 30 g par jour de TCM. Si l'état du malade l'exige, rien n'empêche de passer à 40 g par jour afin de mettre toutes les chances de son côté.

◊ **Le niveau d'avancement de la maladie** : il faut bien avoir conscience que les résultats deviennent beaucoup plus incertains quand le malade bascule dans une démence modérément sévère – ce qui correspond à un score MMSE < 16 [cf. Question 19].

◊ **L'existence de déficits nutritionnels** : soyons clair : on ne peut pas ressusciter des neurones déjà détruits, on peut juste améliorer le métabolisme énergétique des neurones partiellement privés de glucose en leur fournissant un carburant alternatif : les corps cétoniques. Le neurone contient environ 10 000 minuscules générateurs d'énergie appelés mitochondries, soit 10 fois plus qu'une cellule ordinaire et 5 fois plus qu'une cellule hépatique, ce qui montre combien il est gourmand en énergie. Le cycle de production d'énergie dans la mitochondrie est très complexe. Il ne suffit pas de lui fournir du glucose ou des corps cétoniques pour obtenir illico la molécule d'énergie finale, à savoir l'adénosine triphosphate ou ATP. Il faut obligatoirement en passer par des étapes intermédiaires nécessitant la présence de cofacteurs comme la coenzyme Q10, le magnésium, la vitamine C et certaines vitamines du groupe B. Si la mitochondrie manque de ces nutriments, son efficacité énergétique diminue. Résultat : on se sent fatigué, on « manque d'énergie », on n'a plus « les idées claires » ! D'où l'importance d'apporter au cerveau – et tout particulièrement au cerveau âgé – l'ensemble des nutriments dont il a besoin pour améliorer son métabolisme énergétique.

◊ **Une conjonction de paramètres défavorables** (liste non exhaustive) : stress oxydatif (les mitochondries y sont tellement sensibles que cela finit par affecter leur production d'ATP), anomalies vasculaires, apnées du sommeil, « empoisonnement » chronique aux métaux toxiques (aluminium, mercure, plomb...) et aux nitrosamines formées à partir de nitrites et nitrates (eau potable, charcuteries, poissons fumés ou salés, viandes carbonisées, tabac, cosmétiques...), infections (herpès virus simplex de type 1, Helicobacter pylori...), effets indésirables de certains traitements médicamenteux (benzodiazépines, statines), insuffisance hépatique empêchant une bonne conversion des acides gras à chaîne moyenne en corps cétoniques, déficience en vitamine B12 (pour ne rien arranger, les personnes âgées souffrent souvent d'hypochlorhydrie, c'est-à-dire d'une sécrétion insuffisante d'acide chlorhydrique au niveau gastrique, ce qui nuit à une bonne assimilation de la vitamine B12), hypothyroïdie, dépression...

◊ **Le manque de patience** : les témoignages impressionnants figurant dans l'introduction de cet ouvrage pourraient laisser croire que l'huile de coco prodigue ses bienfaits très rapidement. Sauf que chacun est différent et que cela peut prendre plus de temps chez certains pour noter les premiers signes d'une amélioration. Et quand bien même cette amélioration tarderait à venir, le simple fait d'obtenir de façon naturelle une stabilisation de l'état du malade est déjà à considérer comme une première victoire. Bref, ne perdez pas espoir et faites preuve de persévérance !

24 – Une consommation quotidienne soutenue d'huile de coco peut-elle provoquer des effets indésirables ?

L'huile de coco est bien tolérée, et de plus très digeste. Néanmoins, les **personnes à l'intestin sensible** auront tout intérêt à augmenter les doses progressivement afin d'éviter d'éventuels désagréments de type diarrhée.

25 – L'huile de coco peut-elle favoriser la prise de poids, surtout si on la consomme aux doses conseillées dans le livre ?

À priori non puisqu'une grande part des graisses de l'huile de coco n'est pas stockée dans le tissu adipeux mais transportée dans le foie pour y être transformée en corps cétoniques, que le sang se charge ensuite de véhiculer jusqu'au cerveau afin qu'ils y soient utilisés comme source d'énergie. Pour peu que l'on prenne l'habitude d'employer l'huile de coco **à la place** d'autres graisses (beurre, margarine, huiles végétales), on peut même escompter une **perte de poids** sur la durée !

Tant pour la santé en général que pour la ligne en particulier, il est recommandé de s'orienter progressivement vers une alimentation de qualité biologique à **index glycémique bas** (régime IG). Le **régime IG** s'apparente à un régime hypoglucidique « intelligent » où l'on met l'accent sur la « qualité » des glucides. En appliquant ce régime, on se donne toutes les chances de **conforter les effets sur le cerveau** de la consommation quotidienne d'huile de coco. Que demander de plus ! Il n'est pas très difficile de trouver en librairies des ouvrages entièrement consacrés au régime IG.

26 – Une consommation quotidienne soutenue d'huile de coco ne risque-t-elle pas d'avoir une incidence sur le taux de cholestérol ?

La littérature scientifique se montre rassurante à ce sujet : **l'huile de coco n'a pas d'impact négatif sur le taux de cholestérol**. Et quand bien même on observe une augmentation du cholestérol total, cela résulte le plus souvent d'une **augmentation du « bon » cholestérol**, autrement dit du cholestérol HDL !

Je profite de l'occasion pour m'attarder quelques instants sur le cholestérol, car la vraie question qui se pose à quiconque veut préserver ses facultés cognitives le plus tard possible n'est pas : « *Ai-je trop de cholestérol ?* », mais plutôt : « *Ai-je suffisamment de cholestérol ?* ».

Le cerveau ne représente que 2 % de la masse totale de l'organisme mais, à lui seul, il contient **25 % du cholestérol** présent dans notre corps ! Le cholestérol est à ce point essentiel pour le cerveau que **la nature a fait en sorte que le cerveau puisse fabriquer lui-même le cholestérol dont il a besoin !**

La transmission des signaux nerveux s'effectue à travers les **synapses**, zones de contact et d'échange entre neurones. **Leur formation et leur bon fonctionnement dépendent de la présence de cholestérol**. Un cholestérol produit au sein du cerveau par les **astrocytes**, des cellules de soutien des neurones, est transporté depuis les astrocytes vers les neurones par l'**apolipoprotéine E** ou ApoE. L'**ApoE** participe ainsi très activement à la croissance et à la préservation de l'intégrité des synapses.

Le gène qui code l'apolipoprotéine E se caractérise par son « polymorphisme ». Cela signifie qu'il existe sous différentes formes appelées « variantes ». Les trois principales variantes du gène ApoE sont, nous l'avons vu [cf. Question 21], **ApoE2**, **ApoE3** et **ApoE4**. Elles sont apparues au fil de l'évolution. La plus ancienne de toute est la variante E4 – dont 15 % de la population est encore aujourd'hui porteuse – et la plus répandue, la variante E3, apparue il y a plus de 200 000 ans, et présente à ce jour chez les trois-quarts d'entre nous.

Les plus faibles concentrations d'ApoE ont été mesurées dans le sang, le liquide cérébro-spinal et les tissus cérébraux des **personnes porteuses du gène ApoE4**. Ce déficit en ApoE affecte le transport du cholestérol, tant en dehors qu'au sein du cerveau. La parade de l'organisme consiste à augmenter les taux circulants de cholestérol, d'où le fait que l**es personnes porteuses du gène ApoE4 aient tendance à avoir un taux élevé de cholestérol sanguin, souvent très tôt dans leur existence**. Il s'agit tout simplement d'une stratégie de défense mise en œuvre par l'organisme dans le but de surmonter le problème de transport du cholestérol. Dans ces conditions, vous imaginez bien que **la dernière chose à faire serait de prendre des statines pour faire baisser le cholestérol sanguin !**

Malheureusement, la diabolisation du cholestérol depuis les années 60 a abouti à une **surprescription des statines**, en particulier **chez les personnes âgées !**

27 – Cela peut-il représenter un danger quelconque pour la santé d'accumuler des corps cétoniques dans l'organisme ?

Au milieu du XIXe siècle, les corps cétoniques ont été découverts pour la première fois en grandes quantités dans les urines de patients diabétiques n'ayant pas survécu à une acidocétose. L'**acidocétose diabétique** est une complication généralement liée à un diabète de type 1. Elle entraîne la production et l'accumulation dans l'organisme de grandes quantités de corps cétoniques. Ces « déchets » augmentent l'acidité du sang (acidose), ce qui est à éviter à tout prix car, non traitée, une acidocétose peut conduire à un coma diabétique.

Du coup, les médecins ont longtemps considéré les corps cétoniques comme des sous-produits toxiques associés à un trouble de santé très grave aux conséquences parfois mortelles. De fait, il a fallu attendre un demi-siècle pour que les scientifiques réalisent que les corps cétoniques sont des métabolites tout à fait normaux issus de la dégradation des graisses dans le foie.

La production de corps cétoniques (**cétogenèse**) augmente lorsque l'organisme ne dispose plus de réserves suffisantes en glucose, c'est-à-dire au bout de 24 à 72 heures. Depuis le milieu des années 60, on sait que **les corps cétoniques peuvent à eux seuls fournir au cerveau plus de 60 % du carburant dont il a besoin durant un jeûne prolongé !** Et même dans un contexte aussi extrême, les taux sanguins de corps cétoniques demeurent dans des limites raisonnables (7 à 8 mmol/l), encore très éloignées de l'acidocétose diabétique (20 à 25 mmol/l). Comme quoi il faut établir un distinguo très net entre **cétose physiologique** liée à une privation volontaire ou involontaire de nourriture ou au suivi d'un régime hypoglucidique strict ou d'un régime cétogène et **cétose pathologique** liée à un diabète de type 1 mal contrôlé.

Le tableau ci-dessous vous indique les **concentrations sanguines en corps cétoniques** obtenues en différentes circonstances *(les résultats sont exprimés en mmol/l)* :

mmol/l	***Contexte***
< 0,1	Régime alimentaire ordinaire
0,1 à 0,3	Le matin, au réveil
0,3 à 0,5	Jeûne de 12 à 24 h
0,4	Supplémentation de 3 mois en acides gras saturés à chaîne moyenne, à raison de 20 g par jour (produit Axona)
0,4 à 0,65	Résultats de la mise en œuvre de différents régimes hypoglucidiques pendant au moins 15 jours
1,5	Jeûne de 2 à 3 jours
5	Jeûne de 8 jours
7-8	- Jeûne dépassant les 20 jours - Suivi d'un régime cétogène strict (dans lequel les graisses représentent 90 % de l'apport calorique total !)
20-25	Acidoacétose diabétique

Ce tableau ne manque pas d'étonner car il est tout de même frappant de constater que la cétose obtenue par la consommation de 20 g par jour d'acides gras saturés à chaîne moyenne, bien que très légère, se montre déjà suffisante pour stabiliser, voire améliorer l'état de nombreux malades souffrant d'une forme légère à modérée de la maladie d'Alzheimer [cf. Question 19] !

28 – Qui est le Dr Newport ?

Aujourd'hui âgée de 62 ans, Mary Newport est médecin spécialiste en néonatalogie. En 2011, elle a sorti un livre intitulé : « *Maladie d'Alzheimer – Et s'il existait un traitement ?* », déjà écoulé à plus de 50 000 exemplaires. La version française de cet ouvrage, publiée aux Éditions Josette Lyon, est disponible depuis juin 2014. Dans son livre, Mary Newport raconte l'histoire de Steve, son mari, touché par la maladie peu après 50 ans. Elle y dévoile surtout sa découverte de l'huile de coco, dont elle a pu vérifier l'étonnante efficacité auprès de son mari.

Les premiers troubles cognitifs ont commencé à apparaître chez Steve vers 2001-2002, alors qu'il venait à peine de dépasser la cinquantaine. Cela se manifestait notamment par l'oubli fréquent de rendez-vous, l'incapacité à mettre la main sur ses clés ou son attaché-case. La situation se dégradant au fil des ans, un premier traitement médicamenteux anti-Alzheimer fut mis en œuvre à partir de 2005. Deux ans plus tard, la situation avait empiré. Il fallait l'épauler pour qu'il puisse accomplir des tâches ménagères simples ou même s'habiller convenablement (il ne portait souvent qu'une seule chaussette ou une seule chaussure !).

Le 21 mai 2008, au moment de consommer pour la première fois de l'huile de coco, Steve se trouvait dans un état de démence « modérément sévère », d'après les résultats obtenus la veille au MMSE, un test de référence permettant d'évaluer rapidement le niveau d'avancement d'une démence. Environ 4 heures après avoir reçu sa première dose de 35 ml d'huile de coco, Steve fut en mesure de répondre à des questions aussi basiques que : En quelle saison sommes-nous ? En quel mois sommes-nous ? Quel jour sommes-nous ? Dans quelle ville sommes-nous ? La veille, il en était encore incapable !

Deux mois plus tard, l'état de Steve s'était sensiblement amélioré. Il était à nouveau capable de se concentrer, de soutenir une conversation et même de faire des blagues comme autrefois ! En prime, les tremblements auxquels il était sujet avaient quasiment disparu. Entre-temps, Mary avait multiplié par trois l'apport quotidien en huile de coco.

Depuis lors, Steve a connu beaucoup de hauts et de bas, faisant de lui un « spécialiste des montagnes russes », pour reprendre l'expression de Mary. Cela fait maintenant dix ans que la maladie a été diagnostiquée. Habituellement, au bout de dix ans, la plupart des malades sont soit décédés, soit devenus grabataires. Il est clair que les acides gras saturés à chaîne moyenne ont joué un rôle inattendu mais décisif dans le ralentissement du déclin cognitif de Steve. Pourtant, ce n'était pas gagné d'avance, car Steve cumulait plusieurs handicaps :

◊ Il souffrait d'une forme précoce de la maladie ;

◊ Il était porteur du gène ApoE4 ;

◊ Et à l'initiation du « traitement » à base d'huile de coco, il était en train de doucement basculer dans une démence modérément sévère, donc déjà assez avancée.

Comment l'état de Steve a-t-il évolué au cours de l'année écoulée ? D'après les échos qu'on peut en avoir, il demeure capable de se déplacer, mais très lentement. Il regarde la télé et écoute de la musique, mais ne peut être laissé seul livré à lui-même. Il connaît bien entendu des « ratés », comme se tromper de temps à autre sur le nom de sa femme ! Et il y a aussi ces périodes au cours desquelles son état se détériore franchement. La dernière fois remonte au printemps de cette année, où il est resté dans « le creux de la vague » pendant 6 à 8 semaines. Une fois de plus, il a trouvé en lui les ressources pour remonter la pente très progressivement.

Pour Mary Newport, il ne fait aucun doute qu'il y a eu un *avant* et un *après* huile de coco. Même si elle sait que la maladie finira bien par prendre le dessus un jour ou l'autre, elle n'en reste pas moins persuadée que sans le secours de l'huile de coco et de ses « bons » acides gras saturés, elle aurait déjà « perdu » Steve depuis plusieurs années.

29 – Est-il vrai qu'une étude clinique de qualité visant à évaluer l'efficacité de l'huile de coco chez les malades d'Alzheimer est actuellement en cours ?

Oui, c'est exact. Il s'agit d'une étude randomisée en double aveugle contre placebo d'une durée de six mois dont l'objectif est effectivement d'évaluer l'efficacité d'un traitement à base d'huile de coco concentrée en acides gras saturés à chaîne moyenne (TCM) chez 65 sujets atteints d'une maladie d'Alzheimer de forme légère à modérée. Il est prévu que les sujets du groupe « coco » ingèrent une dose journalière de 30 g de TCM.

Même si elle ne la dirige pas, c'est grâce à la ténacité du Dr Mary Newport que cette étude a pu voir le jour. Pendant cinq ans, le Dr Newport s'est heurtée aux résistances de la communauté médicale, plutôt sceptique quant aux vertus supposées de l'huile de coco. Elle ne pouvait pas non plus compter sur un éventuel soutien de la pharma-industrie, sachant qu'il n'y a aucun argent à se faire avec un produit à la fois facile à trouver, peu onéreux et non brevetable ! Finalement, elle a réussi à convaincre l'*University of South Florida* (USA) d'engager cette étude dont le financement est assuré par une fondation privée. Lancée en juin 2013, cette étude se déroule au *Health Byrd Alzheimer's Institute* où elle est supervisée par Amanda Smith, directrice médicale à l'institut. Elle devrait être complètement terminée à l'automne 2015. Sa publication n'interviendra donc pas avant 2016. Patience !

Le produit utilisé dans le cadre de cette étude est *Fuel for Thought* de la société *Cognate Nutritionals*. Il est 50 % plus concentré en TCM que l'huile de coco parce qu'il contient à la fois un extrait d'huile de coco et un extrait d'huile concentrée en TCM. On ne peut nier le côté très pratique de ce type de produit dans la mesure où il fournit une dose précise de TCM et contribue à faciliter le quotidien d'aidants familiaux ne pouvant ou ne souhaitant pas passer du temps à confectionner des menus assurant à leur proche malade un apport journalier suffisant en huile de coco.

Pour l'heure, *Fuel for Thought* est uniquement disponible aux États-Unis. En France, la société D.Plantes travaille actuellement à la mise au point d'un produit de ce type. Sa commercialisation est prévue pour le premier semestre 2015.

30 – Existe-t-il des substances naturelles permettant de compléter l'action de l'huile de coco au niveau du cerveau ?

Pour mettre toutes les chances de son côté, il est hautement souhaitable d'associer la consommation d'huile de coco à des cures prolongées d'**acides gras oméga-3** – de type **DHA**, majoritairement – et de **ginkgo biloba**, surtout si on a déjà dépassé le cap des 70 ans. Si l'huile de coco se charge de relancer le métabolisme énergétique cérébral, ne comptez pas sur elle pour améliorer la fluidité des membranes neuronales ou la microcirculation cérébrale. D'où l'utilité des oméga-3 de type DHA et du ginkgo biloba pour compléter l'action de l'huile de coco.

Pour le compte de la société D.Plantes, j'ai récemment élaboré **le pack Mémo+, qui rassemble huile de coco + oméga-3 DHA + ginkgo biloba**. L'huile de coco a été soigneusement sélectionnée en vue d'apporter un maximum d'acides gras saturés à chaîne moyenne. Quant aux oméga-3 DHA, ils proviennent de lécithine de jaune d'œuf et sont facilement assimilables grâce à la richesse en phospholipides de la lécithine de jaune d'œuf. Le pack est complété par un extrait concentré de ginkgo biloba.

Maintenant, je m'esquive pour laisser la place à Dame Evelyne. Bon appétit !

Seconde partie

Recettes à l'huile de coco

Introduction

Malgré sa saveur très agréable, consommer quotidiennement de l'huile de coco directement à la cuillère ou sur des tartines peut s'avérer lassant à la longue. Aussi ai-je eu l'idée d'intégrer cette huile « exotique » dans des recettes familières qui ne risquent pas de heurter vos papilles !

L'huile de coco n'appartient pas à notre patrimoine culinaire. Le but de cet ouvrage est donc de vous familiariser avec l'usage de l'huile de coco en cuisine. Vous constaterez qu'il est facile de l'incorporer dans de très nombreux plats. Comme elle est très digeste, vos l'adopterez rapidement. Par la suite, vous trouverez vous-même d'autres façons de l'accommoder en fonction de vos goûts et de vos envies.

Avant de vous laisser entreprendre ce voyage découverte dans l'univers de l'huile de coco, je voudrais vous rappeler quelques règles de base pour une **cuisine santé**.

Règles de base

PROSCRIRE

Les **produits issus de l'agriculture conventionnelle**, gorgés de pesticides, et pour certains, irradiés (herbes aromatiques, ail, oignons, échalotes, pommes de terre...).

Les **sucres raffinés**, à l'index glycémique élevé, qui n'apportent plus que des calories « vides ».

Les **huiles végétales raffinées**, qui ont perdu toutes leurs vertus, ainsi que l'**huile de tournesol**, excessivement riche en acides gras oméga-6 pro-inflammatoires.

Les **aliments cuits à très haute température**, car cela crée des composés néfastes à la santé (produits de glycation avancés, amines hétérocycliques...).

Le **four à micro-ondes**, qui tend à « déstructurer » les aliments, notamment en changeant l'orientation des molécules d'eau 2,45 milliards de fois par seconde !

Les **moules en silicone**, sauf pour de courtes cuissons (180 °C et 30 minutes maximum), afin d'éviter que leurs composants chimiques ne migrent dans vos préparations.

Les **conserves en métal** dont certains composants chimiques peuvent migrer de la boîte vers les aliments.

Les **ustensiles et couverts en aluminium**, fortement suspectés de favoriser la maladie d'Alzheimer.

Enfin, modérez la consommation de **lait de vache et produits dérivés** (fromage, yaourt) car, contrairement à ce qu'on veut nous faire croire, ils ne protègent pas contre l'ostéoporose et les fractures. Pour preuve, les pays les plus affectés par l'ostéoporose sont aussi ceux où l'on consomme le plus de produits laitiers. À l'inverse, les pays qui ont le taux de fractures le moins élevé sont ceux qui ont la plus faible consommation de lait ! Troublant, non ?

pour une cuisine santé

PRIVILÉGIER

Les **produits issus de l'agriculture biologique**, qui, de ce fait, ne sont ni arrosés de tonnes de pesticides, ni irradiés (ou « ionisés », pour reprendre la terminologie officielle destinée à rassurer le bon peuple !). Comme ils n'ont pas été traités, la plupart des végétaux bio n'ont pas besoin d'être pelés (gain de temps et conservation des nombreux micronutriments qui se trouvent dans la peau). De plus, très souvent, le goût est bien meilleur !

Le **sucre complet de canne**, qui a conservé tous ses nutriments et qui a un index glycémique plus bas que les sucres blanc et roux.

Les **huiles végétales vierges bio de première pression à froid**, en particulier l'huile d'olive, qui peut être utilisée pour la cuisson ou l'assaisonnement, mais aussi les huiles de sésame, colza ou noix (les deux dernières ne doivent pas être chauffées).

Les **laits de brebis et de chèvre** (sans en abuser), **les laits végétaux** et certains de leurs dérivés comme le tofu soyeux et le sojami à cuisiner, qui remplacent avantageusement la crème fraiche.

Le **four électrique ou à gaz**, en évitant les hautes températures (ne pas dépasser 180 °C, sauf pour de courtes cuissons où l'on peut monter jusqu'à 200 °C). Le *nec plus ultra* est l'**Omnicuiseur « Vitalité »** qui utilise simultanément la cuisson à la vapeur douce et les infrarouges lointains (un procédé de cuisson astucieux qui permet de cuire – et même dorer ! – en dessous de 100 °C, d'où une meilleure préservation des micronutriments).

La **cuisson à la vapeur douce sans pression**, les **aliments mijotés à feu doux en cocotte**. *Exit* la cuisson à la cocotte-minute !

Les **ustensiles et couverts en inox, verre, terre, fonte, bois**.

COUP DE CŒUR : si vous avez un jardin – ou ne serait-ce qu'un balcon –, faites-y pousser des légumes anciens et oubliés. Vous découvrirez de nouvelles saveurs et de nouvelles couleurs, et cela vous fera faire de l'exercice !

L'**association KOKOPELLI** propose une large gamme de graines de légumes anciens oubliés. Pour obtenir ces graines, vous pouvez soit les commander directement sur le site internet de l'association, soit appeler Kokopelli pour connaître les points de vente les plus proches de chez vous. La liste des points de vente est également accessible sur le site internet.

Association KOKOPELLI, 22 cap de l'Ourm, 09290 LE MAS D'AZIL, Tél. : 05.61.67.69.87 – kokopelli-semences.fr

Un dernier mot : s'il est certes important de ne pas manger n'importe comment et d'éviter les aliments raffinés et chimiqués de l'agro-industrie, il est tout aussi important de prendre du plaisir à table. Donc, sauf intolérance ou allergie avérée à tel ou tel ingrédient, sachez vous autoriser un petit plaisir de temps en temps ou à l'occasion d'un repas en famille ou entre amis !

Choisir l'huile de coco

Rappel des consignes à respecter au moment de choisir son huile de coco. Il doit s'agir :

◊ d'une **huile vierge**

◊ de **première pression à froid**

◊ issue de l'**agriculture biologique**

Attention : ce qu'on appelle **huile de coprah** est de l'huile de coco « RBD » (Raffinée, Blanchie, Désodorisée). **À éviter à tout prix !**

Mini-glossaire

Appareil : mélange d'ingrédients servant à la préparation d'un plat.

Foncer : tapisser l'intérieur d'un moule avec de la pâte afin de constituer un fond, un support permettant de recevoir d'autres substances.

Macis : enveloppe entourant la noix de muscade. Sa saveur est plus fine.

Réserver : mettre de côté une préparation pour l'intégrer plus tard à la recette.

Recettes Sucrées

BRIOCHE

◊ *Cuisson : 30 minutes*

◊ *Four : 200 °C (Thermostat 6-7)*

300 g de farine blanche

70 g de sucre complet

3 œufs

40 g d'huile de coco ramollie

4 c. à soupe d'huile d'olive

Vanille en poudre

1 pincée de sel

1 sachet de levure de boulangerie

Dans un saladier, bien mélanger la farine, la levure, la vanille et la pincée de sel. Puis ajouter l'huile d'olive et les œufs et bien pétrir la pâte pendant 5 à 10 minutes.

Ajouter l'huile de coco ramollie (mais non liquéfiée) et le sucre.

Pétrir à nouveau une dizaine de minutes. La pâte doit former une boule. Si elle est trop liquide, rajouter un peu de farine.

Laisser reposer pendant 2 heures dans un endroit chaud.

Séparer la pâte en 3 boules et les déposer dans un moule à cake préalablement huilé et fariné.

Laisser reposer encore 1 heure dans un endroit chaud pour que la pâte finisse de gonfler.

Enfourner sans préchauffer le four pendant environ 30 minutes jusqu'à ce que la brioche soit dorée.

Sortir du four immédiatement après la fin de la cuisson. Laisser refroidir et démouler.

TRUCS ET ASTUCES

- *Peut s'accompagner d'une crème végétale de son choix.*
- *On peut aussi la tartiner d'huile de coco, par exemple pour le petit déjeuner.*

BROWNIES

100 g d'huile de coco
100 g de lait de coco
100 g de cacao en poudre non sucré
20 g d'amandes en poudre
1 œuf
40 g de sucre complet

◊ *Cuisson : 20 minutes*
◊ *Four : 160 °C (Thermostat 5)*

Préchauffer le four.

Liquéfier l'huile de coco à feu très doux dans une casserole (ou au bain-marie).

Battre l'œuf avec le sucre, puis ajouter l'huile de coco. Bien mélanger.

Verser le lait de coco, puis la poudre d'amandes et enfin le cacao en poudre (tout cela en continuant de mélanger).

Verser la préparation dans un plat préalablement huilé et fariné. Enfourner.

Sortir du four immédiatement après cuisson.

Laisser refroidir et couper en carrés de 5 cm x 5 cm.

TRUCS ET ASTUCES

- *Vous pouvez saupoudrer de cacao en poudre avant le découpage.*
- *Vous pouvez ajouter à la pâte une petite poignée de noix de cajou grossièrement moulues.*

CAKE AUX CAROTTES

◊ *Cuisson : 45 minutes*

◊ *Four : 180 °C (Thermostat 6)*

150 g de carottes finement râpées

2 gros œufs

60 g d'huile de coco

3 c. à soupe d'huile d'olive

60 g de sucre complet

Vanille en poudre

1 pincée de sel

1 c. à café de cannelle en poudre

30 à 40 cl de lait d'amande

130 g de farine T 65

1 c. à café de bicarbonate de soude

Préchauffer le four.

Liquéfier l'huile de coco dans une casserole à feu très doux (ou au bain-marie).

Pendant ce temps, dans un petit saladier, mélanger la farine, la vanille, la cannelle et la pincée de sel. Réserver.

Dans un grand saladier, casser les œufs et les fouetter avec le sucre jusqu'à ce que le mélange soit mousseux.

Ajouter l'huile d'olive puis l'huile de coco liquéfiée puis, en continuant de battre, verser la farine en pluie après y avoir incorporé au dernier moment le bicarbonate de soude.

Verser progressivement le lait d'amande en mélangeant bien jusqu'à l'obtention d'une pâte lisse et homogène, puis ajouter les carottes râpées.

Bien mélanger et verser dans un moule à cake préalablement huilé et fariné. Enfourner.

Sortir du four immédiatement après cuisson (la pointe d'un couteau enfoncée dans le gâteau doit ressortir sèche).

TRUCS ET ASTUCES

- *Vous pouvez ajouter une poignée de raisins moelleux au moment d'incorporer les carottes râpées.*
- *Les carottes bio n'ont pas besoin d'être épluchées.*

CAKE AUX CERISES

400 g de cerises dénoyautées

200 g de farine T 65

80 g de sucre complet

50 g d'huile de coco

3 c. à soupe d'huile d'olive

4 œufs

1 pincée de sel

Vanille en poudre

1 c. à café de bicarbonate de soude

20 à 30 cl de lait d'amande

◊ *Cuisson : 45 minutes à 1 heure*

◊ *Four : 180 °C (Thermostat 6)*

Préchauffer le four.

Liquéfier l'huile de coco dans une casserole à feu très doux (ou au bain-marie).

Pendant ce temps, dans un petit saladier, mélanger la farine, la vanille et la pincée de sel. Réserver.

Dans un grand saladier, fouetter les œufs avec le sucre. En continuant de battre, incorporer l'huile d'olive et l'huile de coco liquéfiée, puis la farine en pluie après y avoir ajouté au dernier moment la cuillerée à café de bicarbonate de soude.

Verser petit à petit le lait d'amande.

Bien mélanger. La pâte doit être lisse et homogène. Incorporer les cerises dénoyautées préalablement farinées.

Verser l'appareil dans un moule à cake huilé et fariné. Enfourner.

Sortir du four dès la fin de la cuisson (tester au couteau).

TRUCS ET ASTUCES

- *Fariner les fruits leur évite de tomber au fond du gâteau.*
- *Vous pouvez ajouter 2 c. à soupe de kirsch (dans ce cas mettre moins de lait d'amande).*

CAKE AU CHOCOLAT

◊ *Cuisson : 45 minutes*

◊ *Four : 180 °C (Thermostat 6)*

5 œufs

100 g de farine T 65

1 c. à café de bicarbonate de soude

70 g de sucre complet

10 g de cacao en poudre non sucré

150 g de chocolat noir coupé en petits morceaux

1 pincée de sel

Vanille en poudre

90 g d'huile de coco

4 c. à soupe d'huile d'olive

10 cl de lait d'amande si besoin

Préchauffer le four.

Faire fondre le chocolat.

Liquéfier l'huile de coco à feu très doux (ou au bain-marie).

Pendant ce temps, dans un petit saladier, mélanger la farine, la vanille, le cacao en poudre et la pincée de sel.

Dans un grand saladier, fouetter les œufs avec le sucre jusqu'à ce que le mélange blanchisse. Ajouter l'huile d'olive, puis l'huile de coco liquéfiée.

Bien mélanger. Verser en pluie la farine après y avoir incorporé au dernier moment la cuillerée à café de bicarbonate de soude. La pâte doit être lisse et homogène : ajouter au besoin du lait d'amande.

Incorporer le chocolat fondu en mélangeant délicatement avec une cuillère en bois.

Verser l'appareil dans un moule à cake préalablement huilé et fariné. Enfourner.

Sortir du four dès la fin de la cuisson (tester au couteau).

TRUCS ET ASTUCES

- *Peut s'accompagner d'une crème végétale au chocolat.*
- *Ajouter le bicarbonate de soude à la farine, juste avant de verser cette dernière en pluie, permet au gâteau de mieux gonfler.*

CAKE AU CITRON

90 g d'huile de coco
4 c. à soupe d'huile d'olive
80 g de sucre complet
150 g de farine T 65
1 c. à café de bicarbonate de soude
Vanille en poudre
3 œufs
1 pincée de sel
1 citron (jus + zeste)

◊ *Cuisson : 45 minutes*
◊ *Four : 180 °C (Thermostat 6)*

Préchauffer le four.

Liquéfier l'huile de coco à feu très doux (ou au bain-marie).

Pendant ce temps, battre les œufs avec le sucre, la vanille et la pincée de sel. Tout en fouettant, ajouter l'huile d'olive, le jus et le zeste de citron, puis l'huile de coco.

Verser ensuite la farine après y avoir incorporé au dernier moment la cuillerée à café de bicarbonate de soude.

Bien mélanger. La pâte doit être lisse et homogène. Verser l'appareil dans un moule à cake préalablement huilé et fariné. Enfourner.

Sortir du four dès la fin de la cuisson (tester au couteau).

TRUCS ET ASTUCES

- *Comme vous utilisez le zeste, le citron doit impérativement être bio. Sinon mélangez 2 gouttes d'essence de citron à l'huile d'olive avant de l'incorporer.*
- *Très bon avec une crème végétale à la vanille.*
- *L'huile de coco doit être liquide, mais évitez de la faire bouillir.*

CLAFOUTIS AUX ABRICOTS

◊ *Cuisson : 40 minutes*
◊ *Four : 180 °C (Thermostat 6)*

4 gros abricots mûrs à point

100 à 120 g d'huile de coco

50 g de farine T65

50 g de farine de noix de coco

1 c. à café de bicarbonate de soude

3 œufs

40 à 50 g de sucre complet

40 cl de lait d'amande

Vanille en poudre

1 pincée de sel

Préchauffer le four.

Liquéfier l'huile de coco à feu très doux dans une casserole (ou au bain-marie).

Pendant ce temps, bien mélanger les deux farines dans un petit saladier. Réserver.

Couper les abricots dénoyautés en quatre et les fariner. Réserver.

Dans un saladier moyen, battre les œufs avec le sucre, la vanille et la pincée de sel.

Toujours en fouettant, verser l'huile de coco puis incorporer en pluie le mélange de farines après y avoir ajouté au dernier moment la cuillerée à café de bicarbonate de soude.

Verser ensuite progressivement le lait d'amande.

Verser l'appareil dans un moule préalablement huilé et fariné. Répartir équitablement les abricots. Enfourner.

Se mange tiède ou froid.

TRUCS ET ASTUCES

- *Les abricots peuvent être remplacés par des figues fraîches, des cerises ou des mirabelles.*
- *Si vous n'avez pas de farine de noix de coco, vous pouvez la remplacer par de la farine de riz.*
- *Le lait d'amande peut être remplacé par un autre lait végétal.*

COOKIES

80 g d'huile de coco

100 g de chocolat noir en petits morceaux (ou pépites)

1 œuf

40 g de sucre complet

50 g de noix de coco râpée

130 g de farine T65

1 c. à café de bicarbonate de soude

1 pincée de sel

◊ *Cuisson : 10 minutes*

◊ *Four : 200 °C (Thermostat 6-7)*

Dans un saladier, bien mélanger l'huile de coco ramollie (mais pas liquéfiée) avec le sucre, l'œuf et la pincée de sel. Ajouter ensuite la noix de coco râpée et mélanger.

Incorporer peu à peu la farine après y avoir ajouté au dernier moment 1 cuillerée à café de bicarbonate de soude.

Ajouter ensuite le chocolat en petits morceaux.

Sur une plaque huilée, déposer des ronds de pâte à l'aide d'une cuillère à soupe. Enfourner.

Sortir du four dès la fin de la cuisson. Laisser refroidir.

TRUCS ET ASTUCES

- *Vous pouvez remplacer le chocolat par des raisins secs, des myrtilles séchées, etc.*
- *Les cookies peuvent accompagner un lait végétal, voire un thé ou un café pour le petit déjeuner.*

CRUMBLE AUX FRAISES

POUR 4 RAMEQUINS

◊ *Cuisson : jusqu'à dorage*

◊ *Four : 180 °C (Thermostat 6)*

40 g de fraises goûteuses

50 g de sucre complet

25 g de farine T65

25 g de farine de noix de coco

50 g d'huile de coco ramollie

30 g de noix de coco râpée

Couper les fraises en deux (ou en quatre si elles sont grosses) et les rouler dans un peu de farine de noix de coco et un peu de sucre.

Répartir équitablement dans les ramequins.

Si les fraises sont très juteuses, mettre dans le fond de chaque ramequin un peu de farine de noix de coco légèrement sucrée pour absorber le trop plein de jus à la cuisson.

Dans un petit saladier, mélanger avec les doigts les farines, le sucre et la noix de coco.

Ajouter l'huile de coco ramollie (mais pas liquéfiée) et mélanger avec les doigts jusqu'à l'obtention d'une pâte à crumble granuleuse.

Déposer ensuite le mélange sur les fraises sans tasser. Enfourner jusqu'à dorage.

TRUCS ET ASTUCES

- *Vous pouvez remplacer les fraises par des myrtilles.*
- *Si vous n'avez pas de farine de noix de coco, utilisez de la farine de riz ou, à défaut, uniquement de la farine T65, soit 50 g.*

GÂTEAU À LA COURGE PATIDOU

250 g de courge patidou
150 g de farine T65
50 g d'amandes en poudre
40 g de sucre complet
3 œufs
60 g d'huile de coco
3 c. à soupe d'huile d'olive
Le jus d'un demi-citron
Vanille en poudre
50 ml de lait d'amande
1 c. à soupe de bicarbonate de soude
1 pincée de sel

◊ *Cuisson : 45 minutes*
◊ *Four : 180 °C (Thermostat 6)*

Couper la courge épépinée en petits morceaux et la faire cuire à la vapeur (ou à feu très doux dans un peu d'eau) jusqu'à ce qu'elle soit molle.

Préchauffer le four.

Liquéfier l'huile de coco dans une casserole à feu très doux (ou au bain-marie).

Pendant ce temps, battre les œufs avec le sucre, la vanille et la pincée de sel.

Verser l'huile d'olive, puis l'huile de coco liquéfiée.

Bien mélanger.

Ajouter la poudre d'amande, le jus du demi-citron et verser la farine en pluie après y avoir ajouté au dernier moment la cuillerée à café de bicarbonate de soude.

Verser peu à peu le lait d'amande. La préparation doit être lisse et homogène. Incorporer la courge patidou et bien mélanger.

Verser dans un moule préalablement huilé et fariné. Enfourner.

Sortir du four dès la fin de la cuisson (tester avec la pointe d'un couteau). Se mange tiède ou froid.

TRUCS ET ASTUCES

- *La courge patidou étant naturellement sucrée avec un goût d'amande, le lait d'amande est vivement recommandé. À défaut, utilisez un autre lait végétal vanillé.*
- *Vous pouvez parsemer le gâteau d'amandes effilées avant d'enfourner.*

GÂTEAU AUX POMMES

◊ *Cuisson : 45 minutes*

◊ *Four : 180 °C (Thermostat 6)*

2 pommes épépinées coupées en morceaux et farinées

60 g d'huile de coco

3 c. à soupe d'huile d'olive

50 à 70 g de sucre complet (suivant l'acidité des pommes)

2 œufs

100 g de farine T65

1 c. à café de bicarbonate de soude

1 pincée de sel

Vanille en poudre

1 c. à café de cannelle en poudre

20 cl de lait végétal (amande, riz, soja, etc.)

60 g de noix de coco râpée

Préchauffer le four.

Liquéfier l'huile de coco à feu doux dans une casserole (ou au bain-marie).

Pendant ce temps, fouetter les œufs avec le sucre, la vanille, la cannelle et la pincée de sel.

Ajouter l'huile d'olive, puis l'huile de coco liquéfiée en continuant de battre.

Verser la farine en pluie après y avoir ajouté au dernier moment la cuillerée à café de bicarbonate de soude.

Verser peu à peu le lait végétal. La pâte doit être lisse et homogène.

Incorporer ensuite la noix de coco râpée et les morceaux de pommes.

Bien mélanger et verser dans un moule préalablement huilé et fariné. Enfourner.

Sortir du four dès la fin de la cuisson (tester avec la pointe d'un couteau).

Laisser refroidir.

TRUCS ET ASTUCES

♦ *Les pommes bio n'ont pas besoin d'être épluchées, d'où gain de temps. De plus, la peau étant riche en micronutriments, on en récupère une bonne partie.*

♦ *Vous pouvez remplacer la farine T65 par de la farine sans gluten (riz par exemple), mais le gâteau lèvera moins.*

GÂTEAU AUX PRUNEAUX

1 grosse poignée de pruneaux moelleux dénoyautés et farinés

60 g d'huile de coco

3 c. à soupe d'huile d'olive

40 g de sucre complet

2 œufs

Vanille en poudre

120 g de farine T65

1 pincée de sel

1 c. à café de bicarbonate de soude

20 à 30 cl de lait végétal (riz, amande, soja, etc.)

◊ *Cuisson : 45 minutes*

◊ *Four : 180 °C (Thermostat 6)*

Préchauffer le four.

Liquéfier l'huile de coco à feu très doux dans une casserole (ou au bain-marie).

Pendant ce temps, battre les œufs avec le sucre, la vanille et la pincée de sel.

En continuant de battre, ajouter l'huile d'olive, puis l'huile de coco liquéfiée.

Verser ensuite la farine en pluie après y avoir incorporé, au dernier moment, la cuillerée à café de bicarbonate de soude.

Verser ensuite peu à peu le lait végétal. La pâte doit être lisse et homogène.

Incorporer les pruneaux et bien mélanger.

Verser l'appareil dans un moule préalablement huilé et fariné. Enfourner.

Sortir du four dès la fin de la cuisson (vérifier avec la pointe d'un couteau).

Laisser refroidir.

TRUCS ET ASTUCES

- *Vous pouvez remplacer les pruneaux par des « prunes d'ente » mi-cuites : un vrai délice !*
- *Les pruneaux ont un puissant pouvoir antioxydant, n'hésitez donc pas à en consommer régulièrement, surtout si vous êtes constipé (effet laxatif).*

GÂTEAU DE RIZ

◊ *Cuisson : 20 minutes*
◊ *Four : 180 °C (Thermostat 6)*

100 g de riz rond blanc

50 g de sucre complet

1 bonne dose de vanille en poudre

60 g d'huile de coco

75 cl de lait d'amande

3 œufs

1 pincée de sel

Dans une grande casserole, mettre le riz dans 3 fois son volume d'eau. Le laisser bouillir 5 minutes. Égoutter le riz dans une passoire et le passer sous l'eau froide.

Préchauffer le four.

Porter le lait d'amande à ébullition et y verser le riz.

Cuire 20 minutes en remuant de temps en temps avec une cuillère en bois. Le riz doit avoir absorbé tout le lait, mais ne doit pas être compact.

Pendant la cuisson du riz, dans un saladier, battre ensemble les œufs, le sucre, la vanille et la pincée de sel.

Ajouter l'huile de coco ramollie (mais non liquéfiée) et mélanger.

Ajouter 2 cuillerées à soupe de riz.

Mélanger à nouveau, puis verser l'ensemble de la préparation dans le riz.

Bien mélanger.

Verser la préparation dans un moule préalablement huilé et fariné et enfourner pour 20 minutes.

Sortir du four dès la fin de la cuisson. Laisser refroidir et démouler.

Manger tiède ou froid.

TRUCS ET ASTUCES

- *Le caramel étant mauvais pour la santé (c'est en fait du sucre brûlé), vous pouvez napper le gâteau avec une crème végétale à la vanille.*
- *Vous pouvez utiliser, une fois n'est pas coutume, du lait de vache demi-écrémé pour obtenir un gâteau plus « classique ».*

GÂTEAU DE RIZ AUX FRAISES SÉCHÉES

100 g de riz rond blanc

40 g de sucre complet

70 g d'huile de coco

75 cl de lait de riz vanillé

Vanille en poudre

3 œufs

1 pincée de sel

1 grosse poignée de fraises séchées

◊ *Cuisson : 20 minutes*

◊ *Four : 180 °C (Thermostat 6)*

Procéder comme pour le gâteau de riz « nature ».

Faire tremper les fraises séchées 2 heures avant dans un peu de lait de riz tiède pour les réhydrater.

Les incorporer à la fin de la préparation et bien mélanger afin qu'elles soient réparties de manière homogène dans le gâteau.

Préparer un coulis de fraises en mélangeant 2 cuillerées à soupe de confiture de fraise sans morceaux avec un peu d'eau et le verser sur le gâteau démoulé et refroidi.

TRUCS ET ASTUCES

- *Il est préférable d'incorporer les fraises après avoir versé la préparation dans le moule, car si vous le faites avant, il y a de grandes chances que les fruits ne soient pas équitablement répartis dans le gâteau.*
- *Vous pouvez remplacer les fraises par des abricots séchés et procéder de la même façon pour la préparation.*
- *Évitez les fruits secs non bio : non seulement tous les pesticides que contiennent les fruits frais s'y trouvent concentrés, mais en plus, on leur rajoute un tas d'additifs chimiques tous plus nocifs les uns que les autres, et pour finir, ils risquent d'avoir été ionisés !*

GÂTEAU DE SEMOULE AUX ABRICOTS

◊ *Cuisson : 35 minutes*

◊ *Four : 180 °C (Thermostat 6)*

120 g de semoule fine complète

100 g d'huile de coco

60 cl de lait d'amande

4 œufs

60 g de sucre complet

Vanille en poudre

4 ou 5 gros abricots mûrs à point, coupés en 4 et farinés

½ c. à café de cannelle en poudre

1 pincée de sel

Préchauffer le four

Verser le lait d'amande dans une casserole, ajouter l'huile de coco et faire chauffer le tout en remuant régulièrement jusqu'à ce que l'huile de coco soit complètement liquéfiée et mélangée avec le lait d'amande.

Pendant ce temps, dans un petit saladier, battre les œufs avec le sucre, la vanille, la cannelle et la pincée de sel.

Verser la semoule dans un grand saladier, puis le mélange lait d'amande-huile de coco, puis le mélange œufs-sucre. La préparation doit être homogène.

Incorporer les abricots et mélanger afin qu'ils soient équitablement répartis dans le gâteau.

Verser ce mélange dans un moule préalablement huilé et fariné. Enfourner.

Se mange tiède ou froid.

TRUCS ET ASTUCES

- *Peut être accompagné d'un yaourt végétal, de chèvre ou de brebis à la vanille.*
- *Vous pouvez utiliser aussi de la semoule blanche fine, mais la semoule complète est plus goûteuse.*

GÂTEAU DE SEMOULE AUX CRANBERRIES

(CANNEBERGES)

100 g de semoule fine complète

80 g d'huile de coco

70 cl de lait d'amande

1 pincée de sel

4 œufs

50 g de sucre complet

Vanille en poudre

Une grosse poignée de cranberries séchées non sucrées, roulées dans la farine

◊ *Cuisson : 35 minutes*

◊ *Four : 180 °C (Thermostat 6)*

Préchauffer le four.

Verser le lait d'amande dans une casserole, ajouter l'huile de coco et faire chauffer le tout en remuant régulièrement jusqu'à ce que l'huile de coco soit complètement liquéfiée et mélangée avec le lait d'amande.

Pendant ce temps, dans un petit saladier, battre les œufs avec le sucre, la vanille et la pincée de sel.

Verser la semoule dans un grand saladier, puis le mélange lait d'amande-huile de coco, puis le mélange œufs-sucre. La préparation doit être homogène.

Incorporer les cranberries et mélanger de manière à ce qu'elles soient équitablement réparties.

Verser la préparation dans un moule préalablement huilé et fariné. Enfourner.

Se mange tiède ou froid.

TRUCS ET ASTUCES

- *Peut s'accompagner d'un yaourt végétal aux cranberries ou, à défaut, à la fraise.*
- *Les cranberries peuvent être remplacées par des raisins secs. Dans ce cas, opter pour un yaourt à la vanille.*

GÂTEAU AU YAOURT ET À LA BANANE

◊ *Cuisson : 25 à 30 minutes*

◊ *Four : 180 °C (Thermostat 6)*

1 yaourt au lait de brebis nature ou à la vanille

3 œufs

40 g d'huile de coco

1 banane moyenne coupée en petits morceaux

1 c. à café de bicarbonate de soude

60 g de farine T65

40 g de sucre complet

Vanille liquide

Préchauffer le four.

Liquéfier l'huile de coco à feu très doux dans une casserole (ou au bain-marie).

Pendant ce temps, battre les œufs avec le sucre, puis ajouter la vanille liquide et le yaourt. Bien mélanger.

Incorporer ensuite l'huile de coco, puis la farine en pluie après y avoir ajouté au dernier moment le bicarbonate de soude. La préparation doit être lisse et homogène.

Incorporer les morceaux de banane et bien mélanger afin qu'ils soient équitablement répartis.

Verser l'appareil dans un moule préalablement huilé et fariné. Enfourner.

Sortir le gâteau du four dès la fin de la cuisson (vérifier avec la pointe d'un couteau).

Se mange tiède ou froid.

TRUCS ET ASTUCES

- *Vous pouvez utiliser un yaourt végétal à la vanille. Dans ce cas, rajoutez 2 cuillerées à soupe d'huile d'olive dans la préparation juste avant d'incorporer l'huile de coco.*
- *Vous pouvez manger ce gâteau au petit déjeuner, accompagné d'un thé ou d'un lait végétal.*
- *Sortir le gâteau dès la fin de la cuisson lui permet de rester gonflé et de ne pas retomber.*

GRATIN DE FRUITS ROUGES

400 g de dessert soja vanille
400 g de fraises
30 g d'huile de coco
10 à 20 g de sucre complet (suivant l'acidité des fruits)

Pour 4 petits plats

◊ *Cuisson : jusqu'à dorage*
◊ *Four : 180 °C (Thermostat 6)*

Préchauffer le four.

Liquéfier l'huile de coco à feu très doux dans une casserole (ou au bain-marie).

Pendant ce temps, répartir les fraises, coupées en 2 ou en 4 suivant la taille, dans les petits plats.

Dans un saladier, fouetter le dessert soja vanille vigoureusement jusqu'à ce qu'il mousse, puis ajouter le sucre et ensuite l'huile de coco liquéfiée, toujours en battant.

Verser la préparation sur les fruits et enfourner. Surveiller la cuisson. Sortir les petits plats du four dès qu'ils sont légèrement dorés.

Se mange tiède.

TRUCS ET ASTUCES

- *Les moules à tartelettes sont idéaux.*
- *Vous pouvez utiliser aussi des myrtilles, des mûres, des cerises, etc.*
- *Ne pas trop dorer, car des composés chimiques nocifs se forment à cette occasion.*

MADELEINES AU CHOCOLAT

◊ *Cuisson : 20 minutes*
◊ *Four : 180 °C (Thermostat 6)*

190 g d'huile de coco

4 œufs

50 g de sucre complet

Vanille en poudre

210 g de farine T65

1 c. à café de bicarbonate de soude

1 c. à soupe d'huile d'olive

1 c. à soupe de cacao en poudre

1 à 2 c. à soupe de lait d'amande

1 pincée de sel

Huiler et fariner les moules à madeleine (inutile s'ils sont en silicone).

Préchauffer le four.

Liquéfier l'huile de coco dans une casserole à feu très doux (ou au bain-marie). Laisser refroidir.

Dans un petit saladier, bien mélanger la farine avec le cacao en poudre. Réserver.

Dans un autre saladier, fouetter ensemble les œufs, le sucre, la vanille et la pincée de sel.

Ajouter, toujours en battant, l'huile d'olive puis l'huile de coco liquéfiée.

Verser ensuite le mélange farine-cacao en pluie après y avoir ajouté le bicarbonate de soude au dernier moment. Si la préparation est trop compacte, ajouter 1 ou 2 cuillerées à soupe de lait d'amande.

Avec une cuillère à soupe, verser la préparation dans les moules (les remplir au ¾). Enfourner.

TRUCS ET ASTUCES

- *Pour accompagner un thé, un café, un chocolat chaud ou un lait végétal au petit déjeuner.*
- *En dessert, peut s'accompagner d'une crème de soja au chocolat.*
- *N'utilisez les moules en silicone que pour les courtes cuissons, comme ici, afin d'éviter que leurs composants chimiques ne migrent dans votre préparation.*

MOELLEUX À LA CHATAÎGNE

3 œufs

125 g de crème de châtaigne vanillée sucrée

60 g d'huile de coco ramollie

40 g de farine T65

25 g de sucre complet

POUR 4 RAMEQUINS

◊ *Cuisson : 15 minutes*

◊ *Four : 190 °C (Thermostat 6-7)*

Préchauffer le four.

Dans un saladier, bien mélanger ensemble la crème de châtaigne et l'huile de coco ramollie (mais pas liquéfiée).

Dans un autre saladier, fouetter les œufs avec le sucre jusqu'à ce que le mélange blanchisse, puis versez-y le mélange châtaigne-huile de coco.

Bien mélanger.

Ajouter la farine en pluie et fouetter jusqu'à ce que le mélange soit lisse et homogène.

Verser l'appareil dans les ramequins préalablement huilés et farinés (les remplir au 2/3). Enfourner.

TRUCS ET ASTUCES

- *Pour un goût vanillé plus prononcé, ou si vous n'avez que de la crème de châtaigne non vanillée, ajoutez de la vanille en poudre.*
- *Vous pouvez utiliser de la farine sans gluten (riz, kamut, châtaigne, petit épeautre, etc. suivant vos préférences) à la place de la farine T65.*

MOELLEUX AU CHOCOLAT

◊ *Cuisson : 15 minutes*

◊ *Four : 180 °C (Thermostat 6)*

6 œufs

250 g de chocolat à pâtisserie

110 g d'huile de coco

50 g de farine T65

30 g de farine de noisette

1 c. à café de bicarbonate de soude

50 g de sucre complet

Préchauffer le four.

Faire fondre le chocolat dans une casserole à feu très doux (ou au bain-marie).

Lorsque le chocolat est fondu, ajouter l'huile de coco.

Bien mélanger jusqu'à ce qu'elle soit liquéfiée. Réserver.

Pendant ce temps, dans un petit saladier, mélanger les deux farines. Réserver.

Dans un grand saladier, fouetter vigoureusement les œufs avec le sucre puis y verser en pluie le mélange de farines après y avoir incorporé au dernier moment la cuillerée à café de bicarbonate de soude.

Bien mélanger puis versez-y le chocolat et l'huile de coco. La pâte doit être lisse et homogène.

Verser l'appareil dans un plat préalablement huilé et fariné. Enfourner.

Sortir du four dès la fin de la cuisson.

TRUCS ET ASTUCES

- *Si vous n'avez pas de farine de noisette, ne mettez que de la farine T65 (soit 80 g dans ce cas de figure).*
- *Vous pouvez aussi utiliser des ramequins à la place d'un plat pour obtenir des portions individuelles.*

MUFFINS AUX CRANBERRIES (CANNEBERGES)

90 g d'huile de coco
50 g de farine T65
50 g de farine de riz
1 c. à café de bicarbonate de soude
3 gros œufs
40 g de sucre complet
Vanille en poudre
1 pincée de sel
30 cranberries séchées non sucrées

Pour 6 gros muffins

◊ *Cuisson : 20 à 30 minutes*
◊ *Four 180 °C (Thermostat 6)*

Préchauffer le four.

Liquéfier l'huile de coco dans une casserole à feu très doux (ou au bain-marie).

Pendant ce temps, dans un petit saladier, bien mélanger les 2 farines. Réserver.

Dans un saladier moyen, fouetter les œufs avec le sucre, la vanille et la pincée de sel.

En continuant de battre, ajouter l'huile de coco liquéfiée.

Verser ensuite en pluie le mélange de farines, après y avoir incorporé au dernier moment le bicarbonate de soude. La préparation doit être homogène.

Verser l'appareil dans les moules à muffins, préalablement huilés et farinés (sauf s'ils sont en silicone). Les remplir au 2/3.

Mettre 5 cranberries dans chacun. Les incorporer dans la pâte en les poussant délicatement avec une petite cuillère.

Sortir du four immédiatement après la cuisson. Laisser refroidir avant de démouler.

TRUCS ET ASTUCES

- *Vous pouvez remplacer les cranberries par des myrtilles ou des fraises séchées.*
- *Les moules en silicone sont très pratiques, mais pour éviter que leurs composants chimiques ne migrent dans vos préparations, ne les utilisez que pour des cuissons ne dépassant pas 30 minutes et 180 °C.*

MUFFINS AUX PÉPITES DE CHOCOLAT

Pour 6 gros muffins

◊ *Cuisson : 20 à 30 minutes*

◊ *Four : 180 °C (Thermostat 6)*

90 g d'huile de coco

60 g de farine T65

40 g de farine de noix de coco

1 c. à café de bicarbonate de soude

3 gros œufs

40 g de sucre complet

Vanille en poudre

1 pincée de sel

100 g de pépites de chocolat noir

Procéder de la même façon que pour les muffins aux cranberries, mais incorporer les pépites de chocolat à la préparation et bien mélanger pour qu'elles soient équitablement réparties dans la pâte.

Verser ensuite l'appareil dans les moules.

TRUCS ET ASTUCES

♦ *Si vous n'avez pas de pépites de chocolat, coupez en petits morceaux 100 g de chocolat noir à 70 ou 80 % de cacao.*

♦ *Vous pouvez accompagner les muffins d'un chocolat chaud au petit déjeuner, par exemple. Pour le chocolat chaud : faites fondre 4 carrés de chocolat noir dans une casserole à feu très doux, ajoutez 10 g d'huile de coco. Bien mélanger, puis ajoutez progressivement en remuant bien la valeur d'un bol de lait d'amande (pas besoin de sucre, le lait d'amande et le chocolat étant déjà sucrés). Mélangez avec une cuillère en bois jusqu'à ce que ce soit chaud.*

OMELETTE AUX RAISINS SECS

6 œufs

50 g de sucre complet

50 g d'huile de coco

30 g de farine T65

½ c. à café de bicarbonate de soude

1 c. à soupe d'eau

1 poignée de raisins secs moelleux farinés

Vanille en poudre

Pour 4 personnes

◊ *Cuisson : 20 minutes*

◊ *Four : 180 °C (Thermostat 6)*

Préchauffer le four.

Liquéfier l'huile de coco dans une casserole à feu très doux (ou au bain-marie).

Pendant ce temps, verser la farine dans un petit saladier. Réserver.

Dans un saladier moyen, battre les œufs en omelette avec le sucre, la vanille et la cuillerée à soupe d'eau.

Ajouter l'huile de coco liquéfiée en continuant de battre, puis ajouter la farine après y avoir incorporé au dernier moment le bicarbonate de soude.

Ajouter les raisins secs et bien mélanger.

Verser dans un moule préalablement huilé et fariné. Enfourner.

Se mange tiède.

TRUCS ET ASTUCES

- *N'utilisez pas de poêle. À trop chauffer l'huile de coco, vous risqueriez de la dénaturer.*
- *Vous pouvez aussi, soit mettre des figues sèches moelleuses coupées en petits morceaux à la place des raisins, soit associer figues et raisins.*

PANCAKES AU CHOCOLAT

Pour 2 personnes

2 œufs

90 g de farine de riz

60 g de farine de teff

300 à 400 ml de lait d'amande

20 g de sucre complet

½ c. à café de bicarbonate de soude

1 pincée de sel

Vanille liquide ou en poudre

40 g d'huile de coco

20 g de chocolat noir en copeaux + huile de coco pour tartiner

Huile pour la poêle

Liquéfier l'huile de coco à feu très doux dans une casserole (ou au bain-marie).

Dans un petit saladier, mélanger les 2 farines. Réserver.

Dans un saladier moyen, battre les œufs avec le sucre, la vanille et la pincée de sel, puis verser l'huile de coco liquéfiée en continuant de battre.

Ajouter les farines en pluie après y avoir ajouté au dernier moment le bicarbonate de soude.

Verser progressivement le lait d'amande.

Bien mélanger. La pâte doit être liquide comme une pâte à crêpes.

Huiler une poêle et la faire chauffer à feu moyen (180 °C) pour préserver les « bons » acides gras saturés de l'huile de coco.

Verser une louchée de la préparation et faire cuire des 2 côtés quelques minutes. Poser sur une assiette et ainsi de suite.

Avant de servir, tartiner les pancakes d'huile de coco et les parsemer de copeaux de chocolat noir.

TRUCS ET ASTUCES

- *Accompagne agréablement le thé ou le café du matin.*
- *Si vous n'avez pas de farine de riz ou de teff, vous pouvez soit utiliser une autre farine sans gluten, soit de la farine T65.*

PETIT DÉJEUNER DES ÎLES

POUR 1 PERSONNE

40 cl de lait d'amande

20 g d'huile de coco

1 petite banane

Fruits oléagineux (amandes, noix, noix de cajou, noix du Brésil, noisettes, etc.)

Flocons d'avoine

Dans un bol, verser les flocons d'avoine et la banane coupée en petits morceaux.

Liquéfier l'huile de coco dans une casserole à feu très doux.

Ajouter ensuite peu à peu le lait d'amande tout en mélangeant et faire chauffer à feu moyen pendant quelques minutes en continuant de mélanger.

Ne doit pas bouillir.

Moudre grossièrement les fruits oléagineux de votre choix, les verser dans le bol et bien les mélanger avec les flocons d'avoine et la banane.

Verser le lait chaud dans le bol.

TRUCS ET ASTUCES

- *Vous pouvez remplacer le lait d'amande par un autre lait végétal de votre choix.*
- *Évitez les céréales soufflées et/ou sucrées qui ont un index glycémique très élevé et qui vous exposent, entre autres choses, à un gros coup de barre en milieu de matinée.*
- *Vous pouvez mettre aussi des dattes, des pruneaux, des figues sèches, mais pas de fruits frais, sauf la banane. Au petit déjeuner, les fruits frais acides ainsi que leur jus sont une aberration diététique. Ils sont à consommer seuls et en dehors des repas, de préférence vers 11 h ou 17 h.*

PETITES CRÈMES AUX ŒUFS

Pour 4 personnes

◊ *Cuisson : 35 à 40 minutes*

◊ *Four : 160 °C (Thermostat 5)*

3 œufs

30 g de sucre intégral

40 g d'huile de coco

40 cl de lait d'amande

Vanille en poudre

Liquéfier l'huile de coco dans une casserole à feu très doux (ou au bain-marie).

Pendant ce temps, dans un saladier moyen, battre les œufs avec le sucre et la vanille.

Verser la moitié du lait d'amande dans la casserole et bien mélanger avec l'huile de coco liquéfiée.

Verser dans le mélange œufs-sucre, bien mélanger, puis verser petit à petit le restant du lait d'amande tout en continuant de mélanger.

Verser l'appareil dans 4 ramequins.

Enfourner.

Sortir du four dès la fin de la cuisson.

Laisser refroidir à l'air ambiant.

TRUCS ET ASTUCES

♦ *Si vous les mettez au réfrigérateur, sortez-les trois quarts d'heure avant de les déguster. En effet, les aliments froids coupent la digestion, d'autant plus s'ils sont consommés en fin de repas.*

♦ *Vous pouvez consommer ces petites crèmes avec un pancake (voir recette page 75).*

ROCHERS COCO

250 g de noix de coco râpée
3 gros œufs
100 g de sucre complet
25 g d'huile de coco
1 pincée de sel

◊ *Cuisson : 15 minutes*
◊ *Four : 210 °C (Thermostat 7)*

Préchauffer le four.

Pendant ce temps, dans un saladier moyen, mélanger la noix de coco râpée avec le sucre.

Ajouter ensuite les œufs, la pincée de sel et l'huile de coco ramollie (mais pas liquéfiée).

Bien mélanger jusqu'à ce que l'appareil soit homogène.

Faire des boules et les déposer sur une plaque de cuisson préalablement huilée.

Enfourner.

Sortir du four dès la fin de la cuisson.

TRUCS ET ASTUCES

- *Vous pouvez les accompagner d'une crème végétale à la vanille.*
- *Se consomme aussi avec un lait végétal ou un thé pour le petit déjeuner, par exemple.*

TARTE AUX FRAISES

◊ *Cuisson : 15 à 20 minutes (pour la pâte à tarte)*

◊ *Four : 180 °C (Thermostat 6)*

1 pâte sablée ou une pâte brisée à défaut

500 g de fraises

50 cl de lait ½ écrémé

40 g de sucre complet

Vanille en poudre

4 jaunes d'œufs

30 g d'huile de coco

30 g de farine T65

Préchauffer le four.

Foncer un moule à tarte, préalablement huilé et fariné, avec la pâte sablée. La piquer avec une fourchette et la couvrir d'un papier sulfurisé lesté avec des haricots secs ou des pois chiches. Enfourner.

Après cuisson, la sortir du four et retirer le papier sulfurisé et les haricots. Réserver.

Porter doucement le lait à ébullition.

Pendant ce temps, dans un saladier moyen, fouetter vigoureusement les jaunes d'œufs avec le sucre et la vanille.

Ajouter la farine en pluie, puis petit à petit le lait en mélangeant bien.

Verser l'appareil dans une casserole et faire chauffer à feu doux jusqu'à ébullition. Retirer du feu. Ajouter l'huile de coco par petites touches et bien mélanger.

Laisser refroidir.

Verser ensuite la crème sur la pâte à tarte en la répartissant bien.

Pour finir disposer régulièrement les fraises coupées en deux (ou en quatre si elles sont grosses).

Mettre la tarte au réfrigérateur et la sortir une demi-heure avant de la déguster.

TRUCS ET ASTUCES

- *Vous pouvez napper la tarte d'un coulis de fraise en mélangeant 3 cuillerées à soupe de confiture de fraise sans morceaux avec 1 cuillerée à soupe d'eau.*
- *Vous pouvez remplacer les fraises par d'autres fruits rouges tels que les framboises et les mûres.*

TARTE À LA NOIX DE COCO

1 pâte sablée ou une pâte brisée à défaut

60 g d'huile de coco

50 g de noix de coco râpée

1 pot de crème fraîche

70 g de sucre complet

Vanille en poudre

5 œufs

◊ *Cuisson : 40 minutes*

◊ *Four : 180 °C (Thermostat 6)*

Préchauffer le four.

Liquéfier l'huile de coco dans une casserole à feu très doux (ou au bain-marie).

Pendant ce temps, dans un saladier, fouetter les œufs avec le sucre et une bonne dose de vanille, puis ajouter l'huile de coco liquéfiée et la crème fraîche en continuant de battre.

Verser ensuite la noix de coco râpée et bien mélanger.

Foncer un moule à tarte, préalablement huilé et fariné, avec la pâte sablée.

Piquer la pâte avec une fourchette et y verser l'appareil. Enfourner.

Sortir du four dès la fin de la cuisson.

Se mange froid ou légèrement tiède.

TRUCS ET ASTUCES

- *Si vous voulez quelque chose de plus léger, ne mettez que 3 œufs.*
- *S'ils vous sont contre-indiqués, vous pouvez remplacer les produits laitiers de la recette par leur équivalent végétal, mais ce sera moins savoureux.*

TARTE AUX POIRES

◊ *Cuisson : 45 minutes*
◊ *Four : 180 °C (Thermostat 6)*

2 belles poires mûres à point

1 pâte feuilletée

2 œufs

Vanille en poudre

1 pot de sojami à cuisiner (ou du tofu soyeux)

50 g d'huile de coco

40 g de sucre complet

1 poignée d'amandes effilées (facultatif)

Préchauffer le four.

Liquéfier l'huile de coco à feu très doux dans une casserole (ou au bain-marie).

Avec la pâte feuilletée, foncer un moule à tarte préalablement huilé et fariné.

Couper les poires épépinées en morceaux et les répartir sur la pâte à tarte.

Dans un saladier, fouetter les œufs avec le sucre et la vanille jusqu'à ce que le mélange blanchisse.

Ajouter le sojami, puis l'huile de coco liquéfiée.

Bien mélanger.

Verser l'appareil sur les poires.

Parsemer d'amandes effilées. Enfourner.

Se mange tiède ou froide.

TRUCS ET ASTUCES

- *Les poires bio n'ont pas besoin d'être épluchées, d'où un gain de temps. De plus, la peau étant riche en micronutriments, on en récupère une bonne partie.*
- *Vous pouvez utiliser des pommes coupées en tranches à la place des poires. Inutile non plus de les éplucher si elles sont bio.*

TARTINES GOURMANDES

30 g d'huile de coco

10 g de sucre complet

Pépites de chocolat (ou chocolat râpé)

Fruits oléagineux grossièrement moulus

Sur du pain complet, des biscottes, du pain azyme, etc.

Dans un ramequin, mélanger l'huile de coco ramollie (mais pas liquéfiée) avec le sucre jusqu'à ce que le mélange soit homogène.

Tartiner sur le support de votre choix et parsemer de pépites de chocolat, ou de fruits oléagineux grossièrement moulus (noix, noix de cajou, noix du Brésil, etc.).

TRUCS ET ASTUCES

- *Vous pouvez tartiner le support de votre choix d'huile de coco nature et rajouter dessus de la purée de dattes ou de pruneaux.*
- *Accompagnez les tartines d'un thé ou d'un lait végétal, voire d'un café, mais oubliez les jus de fruits acides au petit déjeuner, c'est une aberration diététique. Buvez-les avec modération en dehors des repas, plutôt vers 11 h et 17 h.*

TRUFFES A LA NOIX DE COCO

◊ *Réfrigération : 3 heures*

200 g de chocolat noir

100 g d'huile de coco

1 jaune d'œuf

4 c. à soupe de sucre glace

3 c. à soupe de cacao non sucré

200 g de noix de coco râpée

Casser le chocolat en morceaux dans une casserole, ajouter une cuillerée à soupe d'eau et faire fondre à feu très doux.

Retirer du feu et rajouter l'huile de coco.

Remuer jusqu'à ce que le mélanger soit homogène.

Ajouter le jaune d'œuf, le sucre et la noix de coco râpée.

Bien mélanger.

Mettre au réfrigérateur pendant 3 heures.

Ensuite, faire de petites boules et les rouler dans le cacao.

TRUCS ET ASTUCES

- *Vous pouvez les rouler dans du cacao cru, c'est délicieux.*

Recettes Salées

CAKE CAROTTES-POULET

◊ *Cuisson : 45 minutes*

◊ *Four : 180 °C (Thermostat 6)*

1 blanc de poulet

1 oignon

3 œufs

150 g de farine T65

1 c. à café de bicarbonate de soude

4 c. à soupe d'huile de sésame

40 g d'huile de coco

10 c. à soupe de lait d'amande

3 carottes moyennes

Sel, poivre, curcuma en poudre

70 g de gouda de chèvre (facultatif)

Dans une cocotte, pendant environ 15 minutes, faire revenir à feu doux les carottes râpées, l'oignon finement émincé et le blanc de poulet coupé en petits morceaux dans une cuillerée à soupe d'huile de sésame. Assaisonner.

Pendant ce temps, liquéfier l'huile de coco à feu très doux dans une casserole (ou au bain-marie). Préchauffer le four.

Dans un grand saladier, verser la farine et la mélanger avec du sel, du poivre, une bonne dose de curcuma en poudre et le bicarbonate de soude. Faire un puits au centre et y casser les œufs un à un, puis incorporer, dans l'ordre, les 3 cuillerées restantes d'huile de sésame, l'huile de coco liquéfiée et le lait d'amande (peu à peu). Bien mélanger la pâte au fur et à mesure de l'opération. Au final, la pâte doit être lisse et homogène.

Ne reste plus maintenant qu'à ajouter à la pâte la préparation carottes-poulet-oignons avec son jus de cuisson ainsi que le fromage coupé en petits morceaux. Bien mélanger et verser l'appareil dans un moule à cake préalablement huilé et fariné. Enfourner. Sortir le cake du four dès la fin de la cuisson. Se mange tiède.

Peut s'accompagner d'une salade verte ou d'une salade de crudités variées, assaisonnées avec des huiles de colza, olive et noix mélangées, un bon vinaigre balsamique, du gomasio et une cuillerée à café de purée d'amande complète.

TRUCS ET ASTUCES

- *N'importe quel lait végétal non aromatisé peut remplacer le lait d'amande.*
- *Si vous en avez, utilisez des carottes anciennes. Vous pouvez les mélanger (une blanche, une violette, une orange, par exemple). Les carottes non traitées n'ont pas besoin d'être épluchées.*

CAKE PINTADE-OIGNONS ROUGES

1 blanc de pintade avec la peau

1 gros oignon rouge (ou 2 moyens)

3 œufs

120 g de farine T65

60 g de farine de teff

1 c. à café de bicarbonate de soude

4 c. à soupe d'huile d'olive

50 g d'huile de coco

8 c. à soupe de lait de riz

Sel, poivre, curcuma

80 g de tomme de brebis douce (facultatif)

◊ *Cuisson : 45 minutes*

◊ *Four : 180 °C (Thermostat 6)*

Dans une cocotte, pendant environ 15 minutes, faire cuire à feu doux le blanc de pintade coupé en petits morceaux et l'oignon rouge finement émincé dans une cuillerée à soupe d'huile d'olive. Assaisonner.

Pendant ce temps, liquéfier l'huile de coco dans une casserole à feu très doux (ou au bain-marie).

Préchauffer le four.

Dans un grand saladier, verser les farines et les mélanger avec du sel, du poivre, une bonne dose de curcuma et le bicarbonate de soude. Faire un puits au centre et y ajouter les œufs un à un puis, dans l'ordre, les 3 cuillerées à soupe d'huile d'olive restantes, l'huile de coco liquéfiée et le lait de riz (peu à peu). La pâte doit être lisse et homogène.

Ajouter à la pâte : la pintade, les oignons, le jus de cuisson et pour finir, la tomme de brebis coupée en petits morceaux. Bien mélanger et verser l'appareil dans un moule à cake préalablement huilé et fariné.

Sortir du four dès la fin de la cuisson.

Se mange tiède. Idéal avec une salade verte agrémentée de germes variés (alfalfa, brocoli, etc.), et d'herbes (persil, estragon, etc.). Assaisonner (voir la précédente recette).

TRUCS ET ASTUCES

- *Si vous n'avez pas de farine de teff, vous pouvez la remplacer par une autre farine sans gluten de votre choix.*
- *Les oignons rouges sont très riches en quercétine, un puissant antioxydant.*

CANARD-RIZ (des îles des mers du Sud)

Pour 2 personnes

◊ *Cuisson : 1 h 30 à 2 h à feu doux*

2 cuisses de canard

2 carottes moyennes

1 poignée de petits pois frais

1 bel oignon rouge

1 gousse d'ail

2 c. à soupe d'huile d'olive

40 g d'huile de coco

½ verre d'eau

1 verre de riz long complet (laissé à tremper depuis la veille)

Sel, poivre, curcuma, gingembre, coriandre, macis (ou noix de muscade) en poudre

Faire cuire le riz assaisonné de sel, poivre et curcuma jusqu'à évaporation complète de l'eau. Réserver.

Pendant ce temps, dans une cocotte, faire légèrement dorer quelques instants les cuisses de canard à feu vif dans 1 cuillerée à soupe d'huile d'olive. Couper le feu. Réserver dans une assiette.

Dans la cocotte, verser les carottes coupées en rondelles, les petits pois écossés, l'oignon et l'ail émincés. Assaisonner avec le mélange d'épices, ajouter 1 cuillerée à soupe d'huile d'olive et l'huile de coco. Bien mélanger. Ajouter un demi-verre d'eau.

Poser les cuisses de canard sur la préparation (peau vers le haut). Mettre le couvercle. Faire mijoter à feu doux 1 h 30 à 2 h. Surveiller la cuisson. Ajouter un peu d'eau au besoin.

Retirer les cuisses de canard de la cocotte et les mettre dans une assiette. Verser le riz dans les légumes. Bien mélanger. Ajouter si besoin un peu d'eau. Mettre les cuisses de canard sur la préparation et faire chauffer l'ensemble à feu doux quelques minutes.

Servir très chaud.

TRUCS ET ASTUCES

- *Si vous en avez, utilisez des variétés anciennes de carottes et d'oignons.*
- *De même, si vous avez du riz rouge, noir ou sauvage, faites un mélange avec le riz long complet, votre plat n'en sera que plus savoureux.*

CURRY DE POISSON

300 à 400 g de poisson blanc (colin, merlan, cabillaud, etc.) préparé par votre poissonnier

500 g de pommes de terre à chair ferme

2 c. à soupe d'huile d'olive

40 g d'huile de coco

2 gousses d'ail

Sel, poivre, curcuma, gingembre, coriandre, macis (ou noix de muscade) en poudre

POUR 2 PERSONNES

◊ *Cuisson : 1 h à 1 h 30 à feu doux*

Dans une cocotte, verser les pommes de terre coupées en morceaux, l'ail finement émincé, une cuillerée à soupe d'huile d'olive, l'huile de coco et le mélange d'épices.

Bien mélanger.

Poser dessus le poisson et l'assaisonner de sel, poivre et curcuma et l'arroser d'une cuillerée à soupe d'huile d'olive.

Mettre le couvercle et faire cuire à feu doux 1 h à 1 h 30.

Surveiller la cuisson. Ajouter un peu d'eau au besoin.

Servir très chaud.

TRUCS ET ASTUCES

- *Si vous utilisez des filets de poisson, posez-les sur les légumes après 45 minutes de cuisson.*
- *Certains poissons rendent de l'eau en cuisant, donc il ne faut pas rajouter d'eau en début de cuisson, mais attendre un peu et voir si le poisson rend de l'eau (sauf, bien sûr, si vous démarrez la cuisson sans le poisson).*
- *Privilégiez une cuisson douce pour ne pas « agresser » les aliments.*
- *Les pommes de terre bio n'ont pas besoin d'être épluchées.*

CURRY DE POULET

Pour 2 personnes

◊ *Cuisson : 1 h 30 à 3 h à feu doux (suivant la taille des cuisses et la qualité du poulet)*

2 cuisses de poulet

400 g de pommes de terre à chair ferme

1 carotte moyenne

1 gros oignon rouge

1 gousse d'ail

2 c. à soupe d'huile d'olive

40 g d'huile de coco

1 c. à soupe de graines de courge

Sel, poivre, curcuma, gingembre, coriandre, macis (ou noix de muscade) en poudre

½ verre d'eau

Dans une cocotte, faire légèrement dorer quelques instants les cuisses de poulet à feu vif dans une cuillerée à soupe d'huile d'olive. Couper le feu. Réserver dans une assiette.

Dans la cocotte, mettre les pommes de terre coupées en morceaux, la carotte coupée en rondelles, l'oignon et l'ail émincés.

Assaisonner avec le mélange d'épices, ajouter une cuillerée à soupe d'huile d'olive et l'huile de coco.

Ajouter une grosse cuillerée à soupe de graines de courge. Bien mélanger.

Ajouter un demi-verre d'eau.

Poser les cuisses de poulet sur la préparation (peau vers le haut). Mettre le couvercle.

Faire mijoter à feu doux 1 h 30 à 3 h. Surveiller la cuisson. Ajouter un peu d'eau au besoin.

TRUCS ET ASTUCES

- *Vous pouvez aussi utiliser un mélange déjà prêt de curry en poudre.*
- *La cuisson peut varier beaucoup suivant la taille des cuisses et la qualité du poulet (un poulet de batterie bas de gamme – que je déconseille vivement – cuit beaucoup plus vite qu'un poulet bio de 180 jours).*
- *Les épices bio – donc non irradiées ! – sont excellentes pour la santé. N'hésitez pas à les utiliser. Pour le dosage, fiez-vous à votre palais, mais n'en mettez pas de grosses doses qui peuvent, à la longue, irriter votre estomac, à l'exception du curcuma que vous pouvez utiliser à volonté sans problème (il se marie bien avec presque tous les plats salés).*

DAURADE

2 petites daurades (ou une grosse) préparées par le poissonnier

2 c. à soupe d'huile d'olive

30 g d'huile de coco

Sel, poivre, curcuma en poudre

Le jus d'un demi-citron

1 gousse d'ail

Amandes effilées

½ verre d'eau

Pour 2 personnes

◊ *Cuisson : 20 à 30 minutes*

◊ *Four : 180 °C (Thermostat 6)*

Préchauffer le four.

Laver les daurades et la sécher avec du papier essuie-tout. À l'intérieur de la dorade, mettre 10 g d'huile de coco, saler, poivrer, ajouter un peu de curcuma en poudre et bien mélanger le tout avec les doigts.

Dans un plat, mettre une cuillerée à soupe d'huile d'olive.

Assaisonner les daurades des 2 côtés avec le mélange d'épices et les poser dans le plat.

Étaler dessus le reste d'huile de coco, répartir sur le poisson les amandes effilées et verser une cuillerée à soupe d'huile d'olive.

Ajouter le demi-verre d'eau.

Enfourner et surveiller la cuisson. Rajouter un peu d'eau au besoin.

Servir avec du riz long complet (le mettre à tremper depuis la veille) ou du quinoa.

Presser le jus de citron sur le poisson dans l'assiette.

TRUCS ET ASTUCES

- *Il existe du quinoa blanc, rouge et noir. N'hésitez pas à faire un mélange si jamais vous en avez sous la main.*
- *Même chose pour le riz, qui existe en rouge, noir et sauvage.*
- *Vous pouvez mettre un bar à la place de la daurade.*

DINDE

Pour 5 à 6 personnes

◊ *Cuisson : 3 à 4 heures (suivant la taille de la cuisse)*

◊ *Four : 150 °C (Thermostat 4-5)*

1 cuisse de dinde

1 kg de pommes de terre à chair ferme

3 carottes moyennes

2 gros oignons

2 gousses d'ail

4 c. à soupe d'huile d'olive

1 pomme

Sel, poivre, curcuma, gingembre, coriandre, macis (ou noix de muscade) en poudre

1 verre d'eau

Verser 2 cuillerées à soupe d'huile d'olive dans un plat, puis y mettre les pommes de terre, 1 demi-pomme épépinée (réserver l'autre moitié) et les oignons coupés en morceaux, les carottes coupées en rondelles, 1 gousse d'ail émincée, le mélange d'épices, l'huile de coco ramollie (mais pas liquéfiée) et bien mélanger.

Ajouter le verre d'eau.

Avec un couteau, percer des trous réguliers des 2 côtés de la cuisse de dinde et y insérer alternativement des morceaux de la demi-pomme restante et des lamelles d'ail.

Assaisonner avec le mélange d'épices.

Verser dessus 2 cuillerées à soupe d'huile d'olive. Enfourner. Surveiller la cuisson.

Arroser la viande régulièrement avec le jus de cuisson pour qu'elle soit moelleuse. Ajouter de l'eau au besoin.

TRUCS ET ASTUCES

- *Si vous avez des pommes de terre, des carottes et des oignons d'anciennes variétés, n'hésitez pas à les utiliser et à mélanger les couleurs.*
- *Les pommes de terre, carottes et pommes bio ou cultivées sans recours à des traitements chimiques peuvent se manger avec la peau, vous gagnerez ainsi du temps et conserverez les nombreux micronutriments contenus dans la peau.*
- *Retirez toujours le vert et les « yeux » des pommes de terre, car ils contiennent de la solanine qui est toxique.*

LOTTE AUX ÉCHALOTES

600 g de lotte coupée en morceaux

400 à 500 g de pommes de terre à chair ferme (les rattes sont idéales)

3 belles échalotes

2 c. à soupe d'huile d'olive

30 g d'huile de coco

Sel, poivre, curcuma

2 c. à café de persil séché

POUR 2 PERSONNES

◊ *Cuisson : 45 minutes à feu doux*

D'abord, verser 1 cuillerée à soupe d'huile d'olive dans une cocotte, puis les pommes de terre coupées en petits morceaux, les échalotes émincées, le persil séché, l'huile de coco ramollie (mais pas liquéfiée).

Assaisonner avec le mélange d'épices. Bien mélanger.

Ajouter 2 cuillerées à soupe d'eau. Couvrir et faire cuire à feu doux 30 minutes.

Assaisonner les morceaux de lotte, que l'on pose ensuite sur les légumes.

Verser 1 cuillerée à soupe d'huile d'olive sur le poisson.

Mettre le couvercle et faire cuire à feu doux encore 15 minutes.

TRUCS ET ASTUCES

- *La lotte est un poisson fin qui peut être servi lors d'un repas de fête.*
- *À cette occasion, vous pouvez ajouter une poignée de pignons de pin à la préparation.*
- *Vous pouvez aussi faire cuire la lotte 15 minutes seule à feu doux dans de l'huile d'olive avec des échalotes, du persil séché, du sel, du poivre et du curcuma, et l'accompagner de riz complet (ou de quinoa) assaisonné avec le même mélange d'épices, un peu d'huile d'olive et les 30 g d'huile de coco.*

MUFFINS AU COLIN

Pour 6 gros muffins

◊ *Cuisson : 20 à 30 minutes*

◊ *Four : 180 °C (Thermostat 6)*

80 g de filet de colin sans arêtes

2 c. à soupe d'huile de sésame

40 g d'huile de coco

2 œufs

1 échalote

100 g de farine T65

1 c. à café de bicarbonate de soude

Sel, poivre, curcuma en poudre

50 g de gouda de chèvre coupé en petits morceaux (facultatif)

Préchauffer le four.

Liquéfier l'huile de coco dans une casserole à feu très doux (ou au bain-marie).

Pendant ce temps, découper le colin en petits morceaux que l'on répartit ensuite dans les moules à muffins préalablement huilés et farinés.

Battre les œufs avec le sel, le poivre, le curcuma et l'huile de sésame.

Ajouter l'huile de coco liquéfiée – en continuant de fouetter – et l'échalote finement émincée.

Ajouter la farine en pluie après y avoir incorporé au dernier moment le bicarbonate de soude.

Verser l'appareil dans les moules à muffins en les remplissant au 2/3.

Ajouter, dans chacun des moules, des petits morceaux de fromage. Les insérer dans la pâte en les poussant délicatement avec une cuillère à café.

Enfourner. Sortir du four dès la fin de la cuisson.

Se mange chaud ou tiède.

TRUCS ET ASTUCES

- *Accompagnent idéalement une salade verte ou une salade de crudités variées agrémentées de jeunes pousses (alfalfa, brocoli, etc.) et d'herbes (persil, ciboulette, cerfeuil, estragon), et assaisonnées avec un mélange d'huiles de colza, d'olive et de noix, de vinaigre balsamique, de gomasio et d'une cuillerée à café de purée d'amande complète.*
- *Vous pouvez remplacer le colin par un autre poisson blanc sans arêtes.*

NOIX DE SAINT-JACQUES EN COQUILLES

4 grosses coquilles Saint-Jacques
6 brins de ciboulette
2 c. à soupe de farine T65
30 g d'huile de coco
2 c. à soupe d'huile d'olive
Sel, poivre
Chapelure

POUR 4 PERSONNES

◊ *Cuisson : 15 minutes*
◊ *Four : 200 °C (Thermostat 6-7)*

Demander au poissonnier d'écailler les noix de Saint-Jacques et de vous donner le côté creux des coquilles.

Préchauffer le four.

Liquéfier l'huile de coco dans une casserole à feu très doux (ou au bain-marie).

Pendant ce temps, laver les coquilles et les noix avec leur corail.

Bien les sécher avec du papier essuie-tout.

Déposer une noix coupée en deux et son corail dans chaque coquille.

Dans un petit saladier, bien mélanger l'huile d'olive avec l'huile de coco liquéfiée. Assaisonner et ajouter peu à peu la farine.

Bien mélanger et incorporer la ciboulette finement ciselée.

Verser la préparation sur les noix et saupoudrer de chapelure. Enfourner.

Se mange très chaud accompagné de riz basmati complet.

TRUCS ET ASTUCES

- *Le riz doit être mis à tremper depuis la veille. Faites-le cuire avec 2 échalotes émincées et assaisonnez-le de sel, poivre et curcuma en poudre. L'eau doit être complètement absorbée à la fin de la cuisson. Ensuite incorporez-y une cuillerée à soupe d'huile d'olive et 10 g d'huile de coco ramollie (mais pas liquéfiée). Faites-le réchauffer un peu à feu doux afin de le servir très chaud.*
- *Si vous n'avez pas de ciboulette, mettez à la place une belle échalote finement émincée.*

OMELETTE AU FROMAGE

Pour 4 personnes

◊ *Cuisson : 20 minutes*

◊ *Four : 180 °C (Thermostat 6)*

7 œufs

2. à soupe de farine T65

30 g d'huile de coco

1 c. à soupe d'eau

60 g de gouda de chèvre (ou un autre fromage doux à pâte cuite)

Sel, poivre, curcuma en poudre

Préchauffer le four.

Liquéfier l'huile de coco à feu très doux dans une casserole (ou au bain-marie).

Pendant ce temps, dans un saladier, battre les œufs en omelette après les avoir assaisonnés de sel, poivre et curcuma.

Ajouter l'huile de coco liquéfiée et l'eau en continuant de battre. Ajouter la farine en pluie en fouettant.

Verser la préparation dans un moule préalablement huilé et fariné.

Répartir le fromage coupé en petits morceaux de manière homogène. Enfourner.

Servir immédiatement après cuisson.

Accompagner d'une salade verte, de crudités variées ou de pommes de terre mijotées en cocotte avec de l'huile d'olive et assaisonnées de sel, poivre, curcuma en poudre, ail finement émincé + herbes de Provence séchées.

TRUCS ET ASTUCES

- *Mangez toujours le cru (salade verte, crudités) en début de repas. Leur apport en enzymes facilitera ensuite la digestion.*
- *Préparez la salade et les crudités au dernier moment pour conserver tous les nutriments. Et surtout ne sortez pas les légumes du réfrigérateur au dernier moment, mais une bonne heure avant (le froid ralentit la digestion et la rend laborieuse).*
- *Ne cuisez pas l'omelette à la poêle, l'huile de coco risque de mal supporter la cuisson à feu vif.*

PÂTES AU POTIMARRON

300 g de pâtes complètes
1 œuf
1 oignon rouge
1 gousse d'ail
200 g de potimarron épluché, épépiné et coupé en petits morceaux
Sel, poivre, curcuma en poudre
1 pot de sojami cuisine (ou du tofu soyeux)
30 g d'huile de coco
2 c. à soupe d'huile d'olive
70 g de tomme de brebis à pâte cuite râpée (facultatif)

POUR 2 PERSONNES

◊ *Cuisson : 15 + 20 minutes*

◊ *Four : 180 °C (Thermostat 6)*

Faire cuire les pâtes suivant les indications inscrites sur le paquet, dans une grande quantité d'eau salée. Égoutter, rincer à l'eau froide et réserver.

Dans une cocotte, faire cuire à feu doux le potimarron, l'oignon et l'ail émincés. Assaisonner de sel, poivre et curcuma, et ajouter une cuillerée à soupe d'huile d'olive. Bien mélanger, couvrir et laisser mijoter 15 à 20 minutes. Surveiller la cuisson et donner un coup de cuillère en bois de temps en temps. Verser les pâtes dans la cocotte et bien mélanger.

Fouetter le sojami avec l'œuf, assaisonner de sel, poivre et curcuma. Ajouter une cuillerée à soupe d'huile d'olive et l'huile de coco ramollie (mais non liquéfiée) en continuant de battre. Incorporer la moitié de fromage râpé. Verser la préparation dans la cocotte et bien mélanger.

Verser ensuite le contenu de la cocotte dans un plat allant au four préalablement huilé et fariné. Parsemer du reste de tomme de brebis râpée. Enfourner pour 20 minutes à 180 °C.

Servir immédiatement et manger très chaud.

TRUCS ET ASTUCES

♦ *Vous pouvez utiliser des pâtes fraîches, elles sont plus goûteuses. Les raviolis frais au poulet ou au fromage conviennent très bien pour cette recette.*

♦ *Attention de ne pas trop faire gratiner le fromage, car cela favorise l'apparition de composés potentiellement néfastes à la santé. Contentez-vous de le faire dorer juste un peu.*

PETITS FLANS À LA COURGE BUTTERNUT

POUR 4 GRANDS RAMEQUINS

◊ *Cuisson : 30 à 35 minutes*

◊ *Four : 180 °C (Thermostat 6)*

150 g de courge butternut râpée

30 g d'huile de coco

2 œufs

1 pot de sojami cuisine (ou du tofu soyeux)

2 c. à soupe d'huile d'olive

70 g de gouda de brebis râpé

Sel, poivre, curcuma en poudre

Préchauffer le four.

Liquéfier l'huile de coco dans une casserole à feu très doux (ou au bain-marie).

Pendant ce temps, battre les œufs avec le sojami.

Assaisonner avec le mélange d'épices puis ajouter l'huile d'olive et l'huile de coco liquéfiée en fouettant jusqu'à ce que le mélange soit homogène.

Verser la courge butternut et le fromage râpés dans la préparation.

Bien mélanger et verser l'appareil dans les ramequins. Enfourner.

Se mange très chaud.

Peut s'accompagner d'une salade verte ou de crudités variées.

TRUCS ET ASTUCES

- *La courge butternut n'a pas besoin d'être épluchée si elle est bio.*
- *Si vous n'avez pas de tomme de brebis, une autre tomme douce à pâte cuite conviendra parfaitement.*

PETITS FLANS AUX NOIX DE SAINT-JACQUES

4 belles noix de Saint-Jacques avec leur corail, lavées et séchées avec du papier essuie-tout

1 échalote

3 brins de ciboulette

1 pot de sojami cuisine (ou du tofu soyeux)

2 œufs

30 g d'huile de coco

2 c. à soupe d'huile d'olive

Sel, poivre

Pour 4 ramequins

◊ *Cuisson : 15 à 20 minutes*

◊ *Four : 180 °C (Thermostat 6)*

Préchauffer le four.

Liquéfier l'huile de coco à feu très doux dans une casserole (ou au bain-marie).

Pendant ce temps, déposer une noix de Saint-Jacques coupée en deux et son corail dans chaque ramequin.

Dans un saladier, battre les œufs avec le sojami.

Assaisonner et ajouter l'huile d'olive puis l'huile de coco liquéfiée en fouettant.

Incorporer la ciboulette finement ciselée et l'échalote émincée.

Bien mélanger.

Verser dans les ramequins. Enfourner.

Servir très chaud.

TRUCS ET ASTUCES

- *Convient très bien pour une entrée de fêtes. Les accompagner d'une salade d'endives aux noix assaisonnée d'huile de noix, de vinaigre de riz, et de gomasio.*

- *Évitez les noix de Saint-Jacques surgelées, ce sont bien souvent des pétoncles sans aucun goût.*

- *Préférez-leur des noix de Saint-Jacques vendues dans leur coquille, écaillées devant vous chez le poissonnier, vous pourrez ainsi vous assurer de leur fraîcheur et de leur qualité.*

PETITS FLANS AU POISSON

Pour 4 grands ramequins

◊ *Cuisson : 20 minutes*

◊ *Four : 180 °C (Thermostat 6)*

200 g de filet de poisson blanc

2 œufs

30 g d'huile de coco

2 c. à soupe d'huile d'olive

1 petite carotte râpée

1 échalote

1 pot de sojami cuisine (ou du tofu soyeux)

70 g de tomme de brebis douce

Sel, poivre curcuma en poudre

Préchauffer le four.

Liquéfier l'huile de coco à feu très doux dans une casserole (ou au bain-marie).

Pendant ce temps, déposer dans le fond des ramequins le poisson coupé en petits morceaux, en prenant soin de bien retirer les arêtes.

Dans un saladier, battre les œufs avec le sojami.

Assaisonner avec le mélange d'épices et ajouter l'huile d'olive, puis l'huile de coco liquéfiée en fouettant. Incorporer la carotte râpée et l'échalote finement émincée.

Bien mélanger et verser la préparation dans les ramequins.

Intégrer des petits morceaux de fromage dans chaque ramequin en les poussant délicatement avec une petite cuillère.

Enfourner.

Se déguste chaud.

TRUCS ET ASTUCES

- *Évitez la lotte qui rend beaucoup d'eau.*
- *Préférez les filets avec peu ou pas d'arêtes. Renseignez-vous auprès de votre poissonnier.*

PINTADE EXOTIQUE

2 cuisses de pintade (ou 2 blancs avec la peau)

1 courgette jaune

½ poivron jaune

2 tomates épluchées

1 citron

1 gousse d'ail

3 c. à soupe d'huile d'olive

30 g d'huile de coco

Sel, poivre, curcuma, gingembre en poudre

½ verre d'eau

POUR 2 PERSONNES

◊ *Cuisson : 1 h à 1 h 30 à feu doux*

Dans une cocotte, verser 2 cuillerées à soupe d'huile d'olive et, pendant quelques instants, faire légèrement dorer à feu vif les cuisses de pintade après les avoir assaisonnées avec le mélange d'épices. Couper le feu et réserver les cuisses dans une assiette.

Couper la courgette en rondelles et le poivron en petits morceaux. Éplucher et couper en quartiers les tomates et émincer la gousse d'ail. Verser les légumes dans la cocotte et les assaisonner avec le mélange d'épices.

Ajouter l'huile de coco ramollie (mais pas liquéfiée) et le jus du citron. Bien mélanger et verser le demi-verre d'eau.

Poser les cuisses de pintade sur les légumes (peau vers le haut) puis les arroser avec une cuillerée à soupe d'huile d'olive. Couvrir et faire cuire à feu doux.

Servir avec une purée de pommes de terre ou du riz complet (le faire tremper depuis la veille).

TRUCS ET ASTUCES

♦ *Si vous n'avez pas de courgette jaune, utilisez une courgette verte. Pour le poivron, si vous n'en avez pas de jaune, préférez le rouge au vert.*

♦ *Si vous avez des variétés anciennes de courgettes, de poivrons ou de tomates, utilisez-les et savourez votre chance de pouvoir vous délecter de ces légumes oubliés !*

PINTADE AUX MIRABELLES

POUR 2 PERSONNES

◊ *Cuisson : 1 h à 1 h 30 à feu doux*

2 cuisses de pintade (ou 2 filets avec la peau)

400 g de pommes de terre à chair ferme

2 carottes moyennes

1 oignon rouge

150 g de mirabelles

3 c. à soupe d'huile d'olive

40 g d'huile de coco

Sel, poivre, curcuma, gingembre, macis (ou noix de muscade) en poudre

½ verre d'eau

Dans une cocotte, verser 2 cuillerées à soupe d'huile d'olive et, pendant quelques instants, faire légèrement dorer à feu vif les cuisses de pintade après les avoir assaisonnées avec le mélange d'épices. Couper le feu et réserver les cuisses dans une assiette.

Couper les pommes de terre et l'oignon en morceaux, et les carottes en rondelles.

Verser les légumes dans la cocotte, puis les assaisonner avec le mélange d'épices.

Ajouter l'huile de coco ramollie (mais pas liquéfiée) et les mirabelles. Bien mélanger et verser le demi-verre d'eau.

Poser les cuisses de pintade sur les légumes (peau vers le haut), puis verser dessus une cuillerée à soupe d'huile d'olive.

Couvrir et faire cuire à feu doux. Surveiller la cuisson et ajouter un peu d'eau si nécessaire.

TRUCS ET ASTUCES

- *Vous pouvez remplacer les mirabelles par des abricots secs moelleux.*
- *Les pommes de terre et les carottes bio n'ont pas besoin d'être épluchées.*
- *Le macis est l'enveloppe de la noix de muscade. Sa saveur est plus fine.*

POTAGE À LA COURGE BUTTERNUT

500 g de courge butternut

2 c. à soupe d'huile d'olive

40 g d'huile de coco

1 petit oignon rouge

1 gousse d'ail

Sel, poivre, curcuma, gingembre, coriandre, macis (ou noix de muscade) en poudre

30 g de fromage à pâte cuite râpé (facultatif)

1 c. à café de bouillon de poulet (ou 1 cube)

POUR 3 À 4 ASSIETTES

◊ *Cuisson : 20 à 25 minutes à feu doux*

Dans une cocotte, mettre la courge butternut coupée en petits morceaux, l'oignon et l'ail finement émincés.

Assaisonner avec le mélange d'épices, ajouter l'huile d'olive. Bien mélanger et cuire à feu doux pendant une vingtaine de minutes.

Vérifier la cuisson : les légumes doivent être fondants.

Ajouter l'huile de coco ramollie (mais pas liquéfiée) à la fin de la cuisson.

Pendant ce temps, préparer le bouillon de poulet (en portant à ébullition une cuillerée à café de bouillon de poulet dans 750 ml d'eau).

Verser le tout dans le bol d'un robot et mixer.

Ajouter le fromage dans l'assiette.

TRUCS ET ASTUCES

- *La courge butternut n'a pas besoin d'être épluchée.*
- *Si vous n'avez pas le temps de préparer une soupe, achetez une soupe (bio) à la courge butternut, au potimarron ou aux carottes, et ajoutez-y une cuillerée à soupe d'huile de coco et des épices si vous la trouvez trop fade.*
- *À la place du mélange d'épices, vous pouvez utiliser un mélange « curry » tout prêt.*

POULET AUX POMMES ET AU MIEL

Pour 4 personnes

◊ *Cuisson : 2 à 3 heures*

◊ *Four : 180 °C (Thermostat 6)*

1 poulet d'1 kg-1 kg 200

500 g de pommes de terre à chair ferme

2 carottes moyennes

1 gros oignon rouge

2 gousses d'ail

1 pomme

1 c. à soupe de miel liquide

40 g d'huile de coco

3 c. à soupe d'huile d'olive

Sel, poivre, curcuma, gingembre, coriandre, macis (ou noix de muscade) en poudre

½ verre d'eau

Dans un plat allant au four, verser les pommes de terre et l'oignon coupés en morceaux, les carottes coupées en rondelles, une gousse d'ail émincée et la moitié de la pomme épépinée et coupée en morceaux.

Assaisonner du mélange d'épices et ajouter 2 cuillerées à soupe d'huile d'olive et 30 g d'huile de coco ramollie (mais pas liquéfiée). Bien mélanger. Ajouter un demi-verre d'eau.

À l'intérieur du poulet, insérer l'autre moitié de la pomme coupée en morceaux, une gousse d'ail émincée et 10 g d'huile de coco. Assaisonner de sel, poivre et curcuma, et bien mélanger avec les doigts.

Poser le poulet sur les légumes dans le plat, l'enduire de miel liquide, l'assaisonner de sel, poivre et curcuma, puis verser dessus une cuillerée à soupe d'huile d'olive.

Enfourner. Surveiller la cuisson. Arroser de temps en temps avec le jus de cuisson et rajouter de l'eau si besoin.

TRUCS ET ASTUCES

- *Si vous avez de la courge butternut sous la main, vous pouvez en mettre une centaine de grammes coupée en petits morceaux.*
- *Le miel liquide de couleur foncée est plus goûteux que le clair.*
- *Le temps de cuisson varie en fonction de la qualité du poulet (un poulet bio cuit plus lentement qu'un poulet de batterie – que je déconseille vivement par ailleurs).*

PURÉE

Pour 2 personnes

3 grosses pommes de terre à chair tendre

3 c. à soupe d'huile d'olive

30 g d'huile de coco

1 verre de lait

Sel, poivre, curcuma en poudre

Éplucher et faire cuire les pommes de terre coupées en morceaux à l'eau salée.

Liquéfier l'huile de coco à feu très doux dans une casserole (ou au bain-marie).

Faire chauffer le lait.

Écraser les pommes de terre au presse-purée, les assaisonner de sel, poivre et curcuma, puis ajouter l'huile d'olive, le lait chaud et l'huile de coco liquéfiée.

Bien mélanger.

Servir chaud.

TRUCS ET ASTUCES

- *Peut accompagner un reste de volaille ou une tranche de jambon pour un repas vite prêt.*
- *Si le lait de vache ne vous convient pas, vous pouvez le remplacer par un lait végétal.*
- *Le presse-purée permet d'écraser plus grossièrement la purée, ce qui la rend bien meilleure.*

RIZ AUX CAROTTES ET AU TOFU

Pour 2 personnes

1 verre ½ de riz long complet

1 carré de tofu nature

1 carotte

1 oignon rouge

1 gousse d'ail

2 c. à soupe d'huile d'olive

30 g d'huile de coco

1 poignée de noix du Brésil

Sel, poivre, curcuma, gingembre, coriandre, macis (ou noix de muscade) en poudre

Faire tremper le riz dans un petit saladier depuis la veille.

Dans une casserole, faire cuire le riz dans de l'eau salée jusqu'à évaporation complète de l'eau.

Pendant ce temps, dans une cocotte, faire cuire à feu doux la carotte coupée en fines rondelles, le tofu coupé en petits cubes, l'oignon et l'ail émincés, avec 2 cuillerées à soupe d'huile d'olive.

Assaisonner avec le mélange d'épices. Couvrir et cuire une vingtaine de minutes.

Surveiller la cuisson. Ajouter un peu d'eau si nécessaire.

Quand les légumes sont cuits, verser le riz dans la cocotte, ajouter l'huile de coco et les noix du Brésil grossièrement moulues.

Bien mélanger et faire réchauffer à feu doux jusqu'à ce que ce soit bien chaud. Manger aussitôt.

Peut se manger seul, ou accompagner un filet de poisson ou une volaille.

TRUCS ET ASTUCES

- *Si vous n'avez pas de noix du Brésil, les noix de cajou conviennent parfaitement.*
- *N'hésitez pas à mélanger riz complet, riz rouge, riz noir et riz sauvage, votre plat n'en sera que plus goûteux.*
- *Si vous avez un jardin, procurez-vous des graines de variétés anciennes de légumes qui sauront égayer vos plats et réjouir vos papilles.*

RIZ, LENTILLES ET COURGE BUTTERNUT

2 verres de riz long complet

1 verre de lentilles vertes

300 g de courge butternut

1 bel oignon rouge

1 gousse d'ail

2 c. à soupe d'huile d'olive

30 g d'huile de coco

Sel, poivre, curcuma

1 poignée de graines de courge (facultatif)

Pour 2 personnes

Faire tremper le riz et les lentilles depuis la veille dans 2 petits saladiers.

Dans 2 petites casseroles, faire cuire séparément le riz et les lentilles assaisonnés de sel, poivre et curcuma. L'eau doit avoir été complètement absorbée à la fin de la cuisson.

Pendant ce temps, dans une cocotte, faire cuire à feu doux, pendant une vingtaine de minutes, la courge butternut coupée en petits morceaux, l'oignon et l'ail émincés dans 2 cuillerées à soupe d'huile d'olive. Assaisonner de sel, poivre et curcuma. Surveiller la cuisson. Ajouter un peu d'eau si nécessaire.

Quand les légumes sont cuits, verser le riz, les lentilles et les graines de courge dans la cocotte. Ajouter l'huile de coco. Bien mélanger. Réchauffer le tout quelques minutes à feu doux.

Servir très chaud.

TRUCS ET ASTUCES

- *Comme l'eau du riz et des lentilles doit être complètement absorbée à la fin de la cuisson, arrangez-vous pour ne pas trop en mettre, quitte à en rajouter un peu pour terminer la cuisson.*
- *La courge butternut bio n'a pas besoin d'être épluchée.*
- *Vous avez la possibilité d'utiliser des lentilles corail à la place des lentilles vertes. Les lentilles corail présentent l'intérêt de ne pas devoir être mises à tremper la veille.*
- *Les graines de courge sont bonnes contre les problèmes de prostate. Messieurs, n'hésitez donc pas à en consommer régulièrement et à les inclure dans vos recettes !*

RIZ AU POTIMARRON GRATINÉ

Pour 2 personnes

1 verre de riz long complet

400 g de potimarron épluché, épépiné et coupé en petits morceaux

1 oignon rouge

1 gousse d'ail

1 poignée de noisettes grossièrement moulues (facultatif)

2 œufs

2 c. à soupe d'huile d'olive

40 g d'huile de coco

Sel, poivre, curcuma, macis (ou noix de muscade) en poudre

70 g de gouda de chèvre

La veille, faire tremper le riz dans un petit saladier.

Dans une grande casserole, cuire le riz assaisonné de sel, poivre et curcuma jusqu'à absorption complète de l'eau.

Dans une petite cocotte, faire cuire à feu doux le potimarron, l'oignon et l'ail émincés dans 2 cuillerées à soupe d'huile d'olive, le tout assaisonné du mélange d'épices. Ajouter les noisettes et bien mélanger.

Couvrir et laisser mijoter une vingtaine de minutes. Surveiller la cuisson et rajouter de l'eau si nécessaire.

Verser les légumes dans le riz, rajouter l'huile de coco ramollie (mais pas liquéfiée), les œufs battus en omelette et la moitié du gouda râpé. Bien mélanger.

Verser dans un plat allant au four et parsemer l'autre moitié du gouda râpé sur la préparation.

Enfourner et faire cuire 15 minutes à 180 °C (Thermostat 6). Le plat doit être très légèrement doré. Attention de ne pas trop le faire gratiner, car cela provoque l'apparition de composés chimiques nocifs.

TRUCS ET ASTUCES

- *Si vous n'avez pas de gouda de chèvre, tous les fromages doux à pâte cuite conviennent.*
- *Les fruits oléagineux sont excellents pour la santé, n'hésitez pas à les inclure dans vos recettes ou à les emporter pour apaiser une petite faim.*

SOUPE AU POULET ET AUX OIGNONS

1 blanc de poulet

2 beaux oignons rouges

30 g d'huile de coco

1 c. à soupe d'huile d'olive

100 g de riz basmati complet

Sel, poivre, curcuma, gingembre, coriandre, macis (ou noix de muscade) en poudre

POUR 2 PERSONNES

Faire tremper le riz depuis la veille.

Dans une casserole moyenne à fond épais, faire fondre à feu doux les oignons finement émincés dans une cuillerée à soupe d'huile d'olive. Assaisonner du mélange d'épices, ajouter le blanc de poulet coupé en petits morceaux. Bien mélanger.

Ajouter une cuillerée à soupe d'eau et cuire une dizaine de minutes.

Remplir la casserole aux trois quarts d'eau salée, couvrir, et faire cuire pendant une heure (l'eau doit frémir, mais ne pas bouillir).

Pendant ce temps, dans une petite casserole, faire cuire le riz assaisonné de sel, poivre et curcuma jusqu'à évaporation complète de l'eau.

Ajouter l'huile de coco ramollie (mais pas liquéfiée) et bien mélanger.

Verser le riz dans la casserole moyenne. Bien mélanger. Vérifier l'assaisonnement et servir très chaud.

TRUCS ET ASTUCES

- *Si vous avez une tête, des pattes et des ailerons de poulet, mettez-les à cuire avec le blanc et les oignons dans l'eau salée, cela donnera du goût. Vous les retirerez avant de verser le riz.*

TARTE AUX CAROTTES ET AUX NOISETTES

◊ *Cuisson : 45 minutes*
◊ *Four : 180 °C (Thermostat 6)*

1 pâte feuilletée

3 carottes moyennes râpées

40 g d'huile de coco

1 pot de sojami cuisine (ou du tofu soyeux)

1 poignée de noisettes grossièrement moulues

2 œufs

Sel, poivre et curcuma en poudre

50 g de tomme de brebis douce à pâte cuite râpée

Préchauffer le four.

Liquéfier l'huile de coco dans une casserole à feu très doux (ou au bain-marie).

Pendant ce temps, foncer un moule à tarte préalablement huilé et fariné avec la pâte feuilletée. La piquer avec une fourchette.

Dans un saladier moyen, fouetter ensemble les œufs avec le sojami assaisonnés de sel, poivre et curcuma.

Ajouter l'huile de coco liquéfiée en continuant de battre. Verser les carottes et le fromage râpés, puis les noisettes. Bien mélanger.

Verser la préparation dans le moule. Enfourner.

TRUCS ET ASTUCES

- *Si vous avez des carottes anciennes de différentes couleurs, mélangez les couleurs.*
- *Si vous n'avez pas de pâte feuilletée, la pâte brisée convient aussi.*
- *Le sojami, à base de tofu lactofermenté, est l'équivalent végétal de la crème fraîche. Il est plus digeste et le résultat est délicieux.*

TARTE À LA COURGE BUTTERNUT ET AUX NOIX DU BRÉSIL

Une demi-courge butternut moyenne, épépinée et coupée en petits morceaux

1 pâte brisée

40 g d'huile de coco

1 pot de sojami cuisine (ou du tofu soyeux)

2 œufs

1 poignée de noix du Brésil grossièrement moulues

Sel, poivre, curcuma en poudre

80 g de fromage de chèvre frais

◊ *Cuisson : 45 minutes à 1 heure*

◊ *Four : 180 °C (Thermostat 6)*

Préchauffer le four.

Liquéfier l'huile de coco dans une casserole à feu très doux (ou au bain-marie).

Pendant ce temps, foncer un moule à tarte préalablement huilé et fariné avec la pâte brisée. La piquer avec une fourchette.

Dans un saladier moyen, fouetter ensemble les œufs avec le sojami assaisonnés de sel, poivre et curcuma.

Ajouter l'huile de coco liquéfiée en continuant de battre. Verser la courge butternut et les noix du Brésil. Bien mélanger.

Verser la préparation sur la pâte. Répartir des petits morceaux de fromage de chèvre de manière homogène et les enfoncer légèrement avec le dos d'une petite cuillère. Enfourner.

TRUCS ET ASTUCES

- *La courge butternut bio n'a pas besoin d'être épluchée. Elle peut être remplacée par du potimarron qui, lui, a besoin d'être épluché.*
- *La noix du Brésil est riche en sélénium, un oligo-élément connu pour ses vertus antioxydantes. N'hésitez donc pas à en manger régulièrement et à l'inclure dans vos plats.*
- *Si vous avez d'anciennes variétés de courges, essayez la recette avec celles de couleur jaune-orangé qui ont un goût un peu sucré.*

TARTE AUX NOIX DE SAINT JACQUES

◊ *Cuisson : 35 à 40 minutes*
◊ *Four : 180 °C (Thermostat 6)*

6 belles noix de Saint-jacques et leur corail (lavées et séchées avec du papier essuie-tout)

30 g d'huile de coco

1 pâte feuilletée pur beurre

1 pot de crème fraîche

2 échalotes

2 œufs

Sel, poivre

40 g de gouda de chèvre râpé

Chapelure

Préchauffer le four.

Liquéfier l'huile de coco à feu doux dans une casserole (ou au bain-marie).

Foncer un moule à tarte préalablement huilé et fariné avec la pâte feuilletée. La piquer avec une fourchette.

Disposer dessus les noix de Saint-Jacques coupées en deux avec leur corail.

Dans un petit saladier, fouetter ensemble les œufs et la crème fraîche assaisonnés de sel et de poivre.

Tout en battant, verser l'huile de coco et bien mélanger.

Ajouter les échalotes finement émincées et le fromage râpé.

Mélanger à nouveau et verser sur les noix de Saint-Jacques.

Saupoudrer de chapelure. Enfourner.

TRUCS ET ASTUCES

- *C'est un plat de fêtes, j'ai donc utilisé de la pâte feuilletée au beurre et de la crème fraîche. Vous pouvez les remplacer par leur équivalent végétal, mais le résultat sera moins gourmand.*
- *Délicieuse accompagnée d'un bon champagne.*
- *Vous pouvez faire précéder cette tarte d'une salade d'endives aux noix, assaisonnée d'huile de noix, de vinaigre de riz (plus doux que les autres vinaigres) et de gomasio.*

TOFU AUX CAROTTES ET À LA COURGE PATIDOU

2 carottes moyennes râpées

1 petite courge patidou épluchée, épépinée et coupée en petits morceaux

2 carrés de tofu nature

30 g d'huile de coco

2 c. à soupe d'huile d'olive

1 oignon

1 gousse d'ail

½ verre d'eau

1 c. à café de poudre de curry, sel, poivre

Pour 2 personnes

◊ *Cuisson : 20 à 25 minutes à feu doux*

Dans une cocotte, faire dorer à feu vif le tofu coupé en petits cubes dans 2 cuillerées à soupe d'huile d'olive pendant quelques minutes. Couper le feu.

Verser dans la cocotte les carottes râpées, la courge patidou coupée en petits morceaux, l'oignon et l'ail émincés.

Assaisonner avec le sel, le poivre et le curry.

Bien mélanger, ajouter un demi-verre d'eau et cuire à feu doux pendant 20 à 25 minutes.

Surveiller la cuisson et rajouter de l'eau si nécessaire.

Ajouter l'huile de coco en fin de cuisson. Bien mélanger.

S'accompagne de quinoa.

TRUCS ET ASTUCES

- *Si vous avez du quinoa rouge et du quinoa noir, mélangez-en un peu avec le quinoa blanc, cela apportera de la couleur et de la saveur.*
- *Vous pouvez remplacer le quinoa par du riz basmati complet (à faire tremper la veille).*

VELOUTÉ AU POTIMARRON

Pour 2 personnes

20 cl de lait de riz

400 g de potimarron épluché et épépiné

1 pomme de terre à chair tendre

1 oignon

1 gousse d'ail

30 g d'huile de coco

2 c. à soupe d'huile d'olive

Sel, poivre, curcuma en poudre

1 c. à café de bouillon de légumes en poudre (ou un cube)

Dans une casserole moyenne, verser 2 cuillerées à soupe d'huile d'olive et ajouter le potimarron et la pomme de terre coupés en petits morceaux, ainsi que l'oignon et l'ail finement émincés.

Assaisonner de sel, poivre et curcuma, et bien mélanger. Laisser revenir quelques minutes.

Ajouter de l'eau dans la casserole de telle sorte qu'elle soit remplie aux trois quarts après y avoir dilué le bouillon de légumes.

Couvrir et porter à ébullition. Faire cuire à petits bouillons 30 minutes.

À la fin de la cuisson, ajouter le lait de riz et l'huile de coco ramollie.

Bien mélanger et mixer.

Réchauffer un peu avant de déguster si nécessaire.

TRUCS ET ASTUCES

- *Vous pouvez remplacer le potimarron par de la courge butternut ou une courge de variété ancienne à chair jaune-orangée et de saveur douce.*

- *Ajoutez 2 cuillerées à soupe de farine de noisette avant de mixer si vous voulez rendre le velouté plus épais.*

ANNEXE

Mini Mental State Examination (MMSE)

Le MMSE est le test de référence pour dépister rapidement les déficits cognitifs.

Bien qu'il ne suffise pas à lui seul pour établir un diagnostic de maladie d'Alzheimer, il permet toutefois d'évaluer le degré de sévérité d'une démence.

Le MMSE fournit un score sur 30 points. Plus on obtient de points, mieux c'est !

Test	***Question ou instruction***	***Cotation***	***Nombre maximum de points***
Orientation dans le temps	Quelle est la date complète d'aujourd'hui ? (jour/mois/année) Si incomplet demander : – année ; saison ; mois ; jour du mois ; jour de la semaine	5 points si date complète ou 1 point par bonne réponse à chaque question	5
Orientation dans l'espace	Demander : – nom de l'hôpital ou du cabinet ou de la rue – de la ville – du département – de la région – l'étage	1 point par bonne réponse	5
Répéter 3 mots	Cigare, fleur, porte (ou citron, clé, ballon)	1 point par mot répété correctement au premier essai	3
Soustraction de 7	Compter à partir de 100 en retirant 7 à chaque fois	1 point par soustraction exacte (arrêter au bout de 5)	5
Si le patient n'obtient pas 5 à l'épreuve de la soustraction	Épeler MONDE à l'envers	1 point par lettre correctement inversée	5
Répéter les 3 mots	Cigare, fleur, porte (ou citron, clé, ballon)	1 point par mot	3
Nommer un objet	Montrer un crayon, une montre et demander au patient de nommer ces objets sans les prendre en main	1 point par réponse exacte	2

Test	***Question ou instruction***	***Cotation***	***Nombre maximum de points***
Répéter une phrase	Répéter la phrase « Pas de MAIS, de SI, ni de ET »	1 point si la réponse est entièrement correcte	1
Obéir à un ordre en 3 temps	Prenez mon papier dans la main droite, pliez-le en deux, jetez-le par terre	1 point par item correctement exécuté	3
Lire et suivre une instruction	Tendre une feuille de papier sur laquelle est écrit « fermez les yeux » et demander au patient de faire ce qui est marqué	1 point si l'ordre est exécuté	1
Écrire une phrase	Voulez-vous m'écrire une phrase entière	1 point si la phrase comporte un sujet et un verbe	1
Reproduire un dessin	Montrer au patient un dessin de 2 pentagones qui se recoupent sur 2 côtés et lui demander de recopier	1 point si tous les angles sont présents et si les figures se coupent sur 2 côtés différents	1
			TOTAL maximum 30 points

Interprétation du score obtenu :

Quel que soit l'âge et le niveau socio-culturel du sujet, un score inférieur à 24 points est considéré comme anormal. Au-dessus de 20, la démence est qualifiée de légère ; entre 20 et 16, de modérée ; entre 15 et 10, de modérément sévère ; entre 9 et 3, de sévère ; et en dessous de 3, de très sévère.

TABLE DES MATIÈRES

SECONDE PARTIE

RECETTES À L'HUILE DE COCO

RECETTES SUCRÉES

RECETTES SALÉES

ANNEXE

ÉDITIONS
MOSAÏQUE-SANTÉ

Dans la même collection : « Vérités »

Autisme : on peut en guérir *Dr Corinne Skorupka – Dr Lorène Amet*

Les 3 Clés de la santé *Dr Michel Lallement*

L'Alimentation santé en pratique *Virginie Parée*

L'Alimentation santé : les recettes ! *Virginie Parée – Jean-François Séité*

Et si vous manquiez de vitamine D ? *Didier Le Bail*

Les clés de l'alimentation-santé *Dr Michel Lallement*

Ordres et désordres *Sylvie Simon*

Produits chimiques : l'overdose – Et si vous étiez MCS ? *Célestine Delorghon*

Poids : mode d'emploi *Dr Sylvain Chédru*

Dépression : le mensonge des antidépresseurs *Pr Irving Kirsch*

Maladies émergentes, comment s'en sortir ? *Françoise Cambayrac*

Vérités sur les maladies émergentes *Françoise Cambayrac*

Ce livre a été imprimé en octobre 2014
à Monts (France)
par l'imprimerie Présence Graphique
pour le plaisir des Éditions Mosaïque-Santé.

Dépot légal : novembre 2014